国家出版基金项目
NATIONAL PUBLICATION FOUNDATION

满族语言与文化研究丛书

主编◎郭孟秀　副主编◎长　山

满语认知研究：
形态、语义和概念结构

MANYU RENZHI YANJIU：
XINGTAI、YUYI HE GAINIAN JIEGOU

贾　越◎著

社会科学文献出版社
SOCIAL SCIENCES ACADEMIC PRESS (CHINA)

黑龙江大学出版社
HEILONGJIANG UNIVERSITY PRESS

图书在版编目（CIP）数据

满语认知研究：形态、语义和概念结构 / 贾越著
. -- 哈尔滨 ：黑龙江大学出版社；北京 ：社会科学文
献出版社，2022.1
（满族语言与文化研究丛书 / 郭孟秀主编）
ISBN 978-7-5686-0730-8

Ⅰ．①满… Ⅱ．①贾… Ⅲ．①满语－认知－研究
Ⅳ．① H221.4

中国版本图书馆 CIP 数据核字 (2021) 第 277683 号

满语认知研究：形态、语义和概念结构
MANYU RENZHI YANJIU：XINGTAI、YUYI HE GAINIAN JIEGOU
贾　越　著

责任编辑　刘　岩
出版发行　黑龙江大学出版社　社会科学文献出版社
地　　址　哈尔滨市南岗区学府三道街 36 号　北京市北三环中路甲 29 号院华龙大厦
印　　刷　哈尔滨市石桥印务有限公司
开　　本　720 毫米 ×1000 毫米　1/16
印　　张　18.25
字　　数　262 千
版　　次　2022 年 1 月第 1 版
印　　次　2022 年 1 月第 1 次印刷
书　　号　ISBN 978-7-5686-0730-8
定　　价　69.00 元

总　序

　　由黑龙江大学出版社联合社会科学文献出版社组织策划的满族语言与文化研究丛书即将出版。丛书荟萃《清代满语文对蒙古语言文字的影响研究》（长山著）、《朝鲜语与满－通古斯语族同源词研究》（尹铁超著）、《满语修辞研究》（魏巧燕著）、《满语借词研究》（哈斯巴特尔著）、《满语认知研究：形态、语义和概念结构》（贾越著）、《俄藏满文文献总目提要》（王敌非著）、《满族社会文化变迁研究》（阿拉腾等著）、《濒危满语环境中的满族祭祀文化》（阿拉腾著）、《满洲崛起对东北少数民族文化认同的影响》（郭孟秀著）、《清代黑龙江地区世居民族交往交流研究》（吕欧著）、《清代东北流人视野中的满族社会生活》（高松著），共十一部力作，是近年来黑龙江大学满学研究院研究成果的集中展现，也是诸位学者"博观而约取，厚积而薄发"的必然结果；同时也体现出黑龙江大学出版社慧眼识金，为满学研究把薪助火的专业精神。在本丛书的十一部著作中，可以归类为满语（通古斯语族）语言学的有五部，可以归类为文化人类学的有四部，另有古籍类一部，民族史类一部。其中涉及满族语言文字方面的内容，笔者并非相关领域专家，无从评价。以下是阅后的几点思考，是为序。

　　首先，是关于满族文化内涵的思考。

本套丛书把内容定位为"语言与文化"，以展示黑龙江大学满学研究院在满族语言文化研究方面取得的优秀成果。阅读这套丛书后，笔者欲从历时和地理空间的角度思考满族文化的内涵，以便更深刻地理解丛书的内容。

尹铁超教授在《朝鲜语与满－通古斯语族同源词研究》一书中，将同源词研究上溯到了中国古代地方民族政权高句丽国的高句丽语和三韩语，把朝鲜语、高句丽语、满－通古斯语族诸语作为比较研究的对象。郭孟秀研究员提出，满族文化研究的内容框架可参考文化哲学三个层面的研究主题，即对文化现象的一般考察，关于文化的社会历史透视，以及关于文化的价值思考。他认为，除了第一个层面外，满族文化研究在其他两个层面都比较匮乏。① 这一观点无疑是正确的，非常有价值的。阿拉腾等在《满族社会文化变迁研究》一书中对满族文化进行了历时的分期。特别重要的是郭孟秀研究员在《满洲崛起对东北少数民族文化认同的影响》一书中对满族文化进行了纵向、历时的思考，将肃慎族系文化作为整体进行分类研究，包括肃慎－挹娄、勿吉－靺鞨、宋金时期女真人、元明时期女真人，研究其文化特征和满洲文化的形成。从历史发展过程的角度思考满族及其先民的文化的形成、演变过程，无疑为我们提供了非常有意义的研究视角。郭孟秀研究员还在满族文化的内涵研究上进行了创新，提出底层文化（渔猎文化）、表层文化（农耕文化）的概念，并首创满洲文化"轴心期"的新观点，即满洲人学汉语、习汉俗是一种文化选择的结果，更是文化有机体生命力的一种展示。对满族人来说，作为核心的渔猎文化与作为次核心的农耕文化在这一时期既存在一种亲和的相互融合的状态，同时又各自保留具有独立特征的文化张力，是文化二元结构的最佳状态，为满洲文化的发展提供了广阔的空间和愿景。此时的满洲文化表现出未特定化和未确定性，处于充满无限可能的"方成"而非"已成"状态，是满洲文化轴心期的重要标志。而在此之前，满学界就已经开始从人类发展史的角度审视

---

① 郭孟秀：《满族文化研究回顾与反思》，载《满语研究》2016 年第 1 期。

满族文化的形成发展过程。在全国"首届满族文化学术研讨会"上，有学者提出满族文化发展的三个阶段，即远古时期、满洲鼎盛时期（努尔哈赤进入今辽沈以后）、中华人民共和国成立以后的满族新文化时期。有学者提出清朝时期满族文化的四个类型：留守型文化、屯垦型文化、留守与驻防交叉型文化、驻防型文化。驻防型文化层次最高，留守、屯垦型文化保留传统内容较多。[①] 但此次研讨会以后，从人类发展史的角度和自然地理空间的角度研究满族文化的成果还是较少。而满族语言与文化研究丛书的出版，将会成为帮助我们更加全面地了解满族文化内涵的重要资料。

中国远古的文化，由于处于相对封闭的自然地理空间而呈现出独立发展的地域土著特征，很少受到族系外民族的冲击和干扰，形成了自身的半闭环的交流循环体系，黑龙江流域便是中国相对封闭的自然地理空间中的重要一环。黑龙江流域以北是不太适合远古人类生存的，外兴安岭南缘只发现了零星的新石器遗址，而在黑龙江流域内，新石器文化的遗存才开始密集、丰富起来。在满族先民生存的黑龙江下游流域以及乌苏里江、松花江下游流域，其北部是没有外敌存在的，而其东部是大海，只有西部和南部面临着濊貊－夫余族系的威胁，即夫余和高句丽。在公元 7 世纪前，肃慎族系与濊貊－夫余族系间形成了弱平衡关系，在长期的历史发展过程中塑造了具有独特地域特征的文化，即北东北亚类型的渔猎文化。而一旦离开这一具有独特自然地理特征的区域，就会发生文化类型的明显演变。笔者认为，在远古时期，自然地理状况对人类社会的发展进程起到决定性的影响，几乎所有的文明古国都不曾脱离这一规律。古埃及、古巴比伦、古印度文明的发生区域有一个共同的因素，即大河、平原和适合于旱地农业发展的环境。这些文明古国自然地理空间的开放性导致了其文明的中断，而相对封闭的地理空间环境则成为中国古代文明绵延不断的有利条件之一。中国古代文明的发生因素同样是大河（黄河）、平原，黄河从上游至下游流经宁夏平原、河套平原、汾渭平原、华北平原，特别是汾渭平原和

---

① 周凤敏：《"首届满族文化学术研讨会"综述》，载《满族研究》1990 年第 1 期。

华北平原，作为古中国文明的发生地域，远古农业十分发达。据考证，这些地方距今五千年左右出现青铜器，距今三千多年出现象形文字——甲骨文。这些条件与其他三个文明古国有相似之处，即适合远古农业发展的大河、平原，以及象形文字和青铜器。

历史事实证明，黑龙江干流流域不适合旱地农业的发展，若不脱离这一区域便不可能进入古代的文明社会，而是长期滞留于原始的氏族-部落社会。比如，东胡族系的鲜卑人和契丹人在脱离这一区域南下直至中原后，才有机会进入到奴隶制社会，最终进入到封建社会；蒙古族脱离这一区域到漠北草原后才进入到奴隶社会。而那些没有机会脱离黑龙江干流流域的诸氏族部落，比如埃文基人（鄂伦春、鄂温克人）、那乃-赫哲人、乌尔奇人、乌德盖人、尼夫赫人、奥罗奇人、奥罗克人等25个土著"民族"，则根本没有机会脱离氏族-部落社会。因此，我们可以把满族的传统文化划分为四种类型：第一种类型是没有脱离黑龙江干流下游流域、乌苏里江流域、松花江干流下游流域的满族先民的文化，他们仍然处于氏族-部落社会，狩猎、捕鱼是其文化的核心特征，比如肃慎、挹娄、勿吉、靺鞨的大部分及生女真、野人女真等；第二种类型是源自黑水靺鞨的女真人建立金朝后形成的该时期的女真文化；第三种类型是以粟末靺鞨为主建立的渤海国的文化，粟末部是夫余人和勿吉人融合形成的，《旧唐书》记载为"涑沫靺鞨"或"浮渝靺鞨"[①]，受夫余人影响，粟末靺鞨文化具有鲜明的中原文化特征；第四种类型就是女真-满洲-满族文化，简称满族文化，建立清朝的核心是建州女真，其主要部落胡里改部的源头是黑龙江下游以北的乌德盖部落，逐步迁移至松花江中游（今依兰县）。元末明初，胡里改部和斡朵里部先后南迁，开启了满洲族的历史，也创造了满洲族文化。分析这四种类型的文化我们发现，渤海文化、女真文化、女真-满洲-满族文化之间并没有继承关系，而是表现出明显的差异性，它们的共同点是其源头都与黑龙江下游的原始部落相关，在恶劣的自然环境下形

---

① 刘昫等：《旧唐书》第05部，陈焕良、文华点校，岳麓书社1997年版，第991、992页。

成的剽悍、刚烈和无所畏惧的精神，或许就是它们文化共同性的体现。所以，如果我们用"肃慎－满洲族系"文化来命名满族及其先民的文化的话，其特点则是多样性中蕴含着共同性，且多样性超过其共同性。满族文化包括满族先民的文化（黑龙江下游流域的氏族－部落文化、渤海文化、建立金朝的女真文化）、满族传统文化和革命文化、社会主义先进文化。满族的传统文化处于濒危状态，但满族的现代文化（社会主义先进文化）则正处于形成、发展的过程中，而且必然是综合性的、复合型的新文化。不能将满族现代文化的形成发展视为"汉化过程"，因为这完全违背了中国历史的发展过程。新石器时代的六大文化区系①和六大文化区②，以及先秦时期华夏"中国"的"天下"中夷夏分布、交错杂居的事实，包括秦、楚、吴、越等融入华夏的历史，这些都说明是各民族共同创造了华夏文化。满族现代文化的建设处于中华现代文化建设的范围中，表现为核心文化（中华文化核心价值观、精神力量）的统一和表层、深层文化（满族文化）多样性的统一。中国其他各民族的文化同样处于现代文化的重塑过程中。

其次，是关于满族文化濒危问题的思考。

所谓"濒危文化"包括物质的、非物质的正在消失的文化，而且是不可逆转地即将消失的文化。既然是濒危的文化，其所依存的人文条件和自然地理条件就都已经处于消失的过程中，所以，濒危文化不具有传承性，因为文化的本体内涵和形式都已经经历了长期的变异过程，失去了传播的功能性基础。濒危文化的原始内涵是不可复原的，因为其最核心的文化内涵已经不复存在。比如现在东北地区还存在一些"活态"的萨满祭祀仪式，但无论是规模还是功能都区别于以往。在本套丛书中，《清代满语文对蒙古语言文字的影响研究》《朝鲜语与满－通古斯语族同源词研究》《满语修辞研究》《满语借词研究》《满语认知研究：形态、语义和概念结构》

---

① 苏秉琦、殷玮璋：《关于考古学文化的区系类型问题》，载《文物》1981年第5期。
② 严文明：《中国史前文化的统一性与多样性》，载《文物》1987年第3期。

《濒危满语环境中的满族祭祀文化》，均属于濒危文化研究的范畴。"黑龙江省富裕县三家子村、孙吴县四季屯等一些满族村屯中还有十几位满族老人能够较为熟练使用满语，满语口语即将彻底退出历史舞台。对基础满语语法、满语修辞、满语与锡伯语比较等方面的研究，是在书面语的层面对满语所做的继承与保护，这项工作可以让满族语言作为满族文化的一部分存续下去。"这是本套丛书立项报告中的表述，笔者深以为然。满族濒危文化严格表述应为"满族濒危传统文化"，即将退出社会功能的是过去的文化，而满族新的文化即社会主义先进文化正处于建设过程中，因此从整体视角看，满族文化不存在濒危的问题，而是在发展中出现了变迁。《满族社会文化变迁研究》就是从这个视角进行的研究，非常具有现实意义。

基于上述认识，笔者个人的观点是要重视满族濒危传统文化的资料库建设（文字记载、影像资料制作、博物馆展示建设等）和专业化研究，做好这些工作的基础是有效的精英人才培养机制，如黑龙江大学开展的满族语言文化方向的本科生和研究生培养工作，就是很有远见的举措。满族优秀的传统文化是中华文化的组成部分，我们有责任，更有能力，对其进行深入、系统的研究。

再次，是关于满族语言与文化研究重要价值的思考。

郭孟秀研究员认为，目前针对满族文化价值方面的研究是比较匮乏的，该观点抓住了满族文化研究存在的突出问题。满族及其先民创造了恢宏而又多样的优秀民族文化，诸如渤海文化、女真文化和女真－满洲－满族文化，是中国古代北方地区最具影响力的少数民族文化，对中华文化的发展做出了杰出贡献。从我国旧石器晚期到新石器早期的人类发展状况来看，中原地区并不总是走在前面，先进的文明也并不都是从中原向四周扩散。比如距今约八千年的阜新查海文化的玉器，距今五六千年的红山文化的庙、祭坛、塑像群、大型积石冢、玉猪龙等成套玉器，都说明苏秉琦先生认为中华文明"满天星斗"的观点是正确的。至少在某一个时期内，中原地区还未发现"具有类似规模和水平的遗迹"而走在前面的文明，当然，这并不影响中原地区作为古中国文明核心区域所起到的引领作用。东北地区史前文化的顶峰显然是前红山－红山文化，它作为华夏文化的边缘和"北狄"文化的腹地，成为中华文化向东北地区传播的枢纽和通道，最先受到影响的是濊貊－夫余族系，而后是东胡族系，最后受影响的肃慎－满洲族系却创造了三种类型的文化，从公元7世纪末开始间断影响中国北部一千多年，是少数民族文化与中华文化融合的典型范例。满族先民所创造的这些优秀文化对中华文化的贡献没有得到学界应有的重视，研究成果较少，这是非常遗憾的。应该特别重视女真人两次入主中原、粟末靺鞨人建立"海东盛国"渤海的文化因素研究，以及这些满族先民的文化向中原文化靠拢的原因，这些都是满族文化价值研究的重要课题，但不限于此。"满族缔造的清朝，持续近三百年，对中华民族的近现代历史与文化都产生了重要的影响。因此，从中华民族文化大局的角度研究满族文化具有重要的历史意义与现实意义。"这是本套丛书的重要意义和价值所在。

丛书中《满洲崛起对东北少数民族文化认同的影响》《清代满语文对蒙古语言文字的影响研究》《清代东北流人视野中的满族社会生活》《清代黑龙江地区世居民族交往交流研究》四部著作对满族文化的价值进行了探讨。后金－清政权在入关前，分别发动了对蒙古、赫哲、索伦等族的一系列统一战争，建立了牢固的同盟关系，稳固了后方，同时进一步将中华文化传播到这些地区。通过清朝的统治，东北少数民族逐步接受中华文化并且开始认同中华文化，有一个重要的途径就是通过接受、认同满洲文化来渐次接受、认同中华文化，满洲文化"中华化"的过程使得中华文化在东北少数民族中的传播和影响更为深入、稳固，这是满族文化对中华文化历史建设的重要贡献。当然，这一贡献并不局限于东北地区，还包括中国其他的少数民族地区。

在先秦时期，"天下观"中存在"教化天下"的内涵，自秦朝始，"教化天下"演化出中央与边疆之间"因俗而治"、羁縻制度、土司制度以及朝贡－封赏等多种形式的政治关系，实则是"教化观"外溢扩展的结果。先秦时期"教化天下"不等于华夏"中国"实际控制的"天下"，带有礼治的想象成分，两种"天下"合二为一实现于清朝。也可以这样认为：满洲文化的"中华化"使得先秦时期想象的"天下"和"教化天下"在清朝统一于实践的"天下"。"大一统"的理想之所以能够在清朝实现，文化一统是重要的条件，而在这一过程中，满洲文化"中华化"的贡献是关键因素，其当然成为满族文化价值研究的重要内容。

在满族文化中，语言文字具有重要而独特的学术研究价值。《俄藏满文文献总目提要》等著作就是这方面的研究成果。满文古籍文献包括档案、图书、碑刻、谱牒、舆图等，数量居55个少数民族文字古籍文献之首。"清代，特别康熙、雍正、乾隆三朝，大量公文用满文书写，形成了大量的满文档案。用满文书写印制的书籍档案资料，及汉文或别种文字文献的满译本，构成了满文文献的全部。"此外，中国第一历史档案馆所藏满文文献，就有一百五十万件左右。辽宁、吉林、黑龙江、内蒙古、西藏、北京等省、市、自治区的档案部门或图书馆，中央民族大学、北京大学等大学的图书馆，以及中国社会科学院民族学与人类学研究所等研究机构的图书馆，均藏有满文文献。北京、沈阳、台北是我国三大满文文献收藏宝库。由于历史变迁等一些举世周知并令人难忘的原因，我国珍贵的满文文献还流散在世界各地，如日本、韩国、俄罗斯、英国、美国等地。①比如，日本有镶红旗文书（从雍正至清末）资料2402函。1975年，美国国会图书馆藏有满文文献8916册。因此，我国必须培养一批相当数量的满语言文字方面的专业人才，翻译和研究浩如烟海的满文文献，与其他文字的文献对照、补充，还原更加真实、完整的清朝历史与文化，寻觅无文字民族的历史与文化的面貌，其价值自不待言。本套丛书中满语言文字研究方面的著作，就属于这类成果。

最后，是关于满族文化与中华文化关系的思考。

在《满洲崛起对东北少数民族文化认同的影响》一书中，郭孟秀研究员认为东北少数民族对中华文化认同的形成过程，是通过对国家政权的认同发展到对满洲文化的认同，再由此升华到对中华文化的认同。这是非常

---

① 富丽：《满文文献整理纵横谈》，载《中央民族学院学报》1984年第3期。

新颖而有创意的观点。笔者认为，在这个过程中，满洲文化的逐步"中华化"是影响清朝各民族对中华文化产生认同的关键因素。李大龙教授认为，"建立清朝的满洲人则不仅没有回避其'东夷'的出身，反而在天子'有德者居之'旗号下对魏晋以来边疆政权对'大一统'观念继承与发展的基础上有了更进一步发扬，目的是在确立满洲及其所建清朝的'中国正统'地位的基础上实现中华大地更大范围内的'大一统'"①。"大一统"观念自秦朝开始拓展其内涵，从单纯的华夏"中国"统治的合法性、正统性，逐渐形成中央王朝文化一统、政治一统、疆域一统、族系一统等内涵的综合概念，其中，文化一统是实现其他"大一统"的基础。所以，清朝统治者在顶层文化上推行以儒家思想为基础的中华文化，在基础层文化上采取"修其教不易其俗，齐其政不易其宜"②的政策，既包容差异，又实现了中华文化核心价值的统一。在这一过程中，满族文化必然向"中华化"的方向发展，因为文化政策必须服从于统治的合法性和稳定性。

研究满族文化与中华文化的关系，首先要知道什么是中华文化。习近平总书记对此指出："我们灿烂的文化是各民族共同创造的。中华文化是各民族文化的集大成。"③ 在 2021 年的中央民族工作会议上，习近平总书记又指出："要正确把握中华文化和各民族文化的关系，各民族优秀传统文化都是中华文化的组成部分，中华文化是主干，各民族文化是枝叶，根深干壮才能枝繁叶茂。"④ 满族的优秀传统文化亦是中华文化的组成部分，中华文化认同是由包括满族文化在内的各民族文化认同的基础文化层级和中华文化认同的国家文化层级组成的，基础文化层级不应具有政治属性，而国家文化层级则必然具有政治属性。中华文化认同是在认同中华各民族

---

① 李大龙：《农耕王朝对"大一统"思想的继承与发展》，载《云南师范大学学报（哲学社会科学版）》2020 年第 6 期。

② 《礼记·王制》，见杜文忠：《王者无外：中国王朝治边法律史》，上海古籍出版社 2017 年版，第 72 页。

③ 《习近平：在全国民族团结进步表彰大会上的讲话》，新华网，2019 年 9 月 27 日。

④ 《习近平在中央民族工作会议上强调　以铸牢中华民族共同体意识为主线　推动新时代党的民族工作高质量发展》，新华网，2021 年 8 月 28 日。

文化形成和发展历史的基础上，对中华顶层文化的价值观、精神的认同，或者说顶层文化已经属于国家文化的范畴，每个民族的文化认同都不能与之等同，每个民族的文化都不等同于中华文化。这就厘清了满族文化与中华文化的关系，即枝叶与主干的关系，基础层级与顶层（国家文化）的关系。这一认识应该成为开展满族文化研究的原则，也就是说既不能把满族文化的研究政治化，也不能认为开展满族传统文化研究和发展满族现代文化就有害于中华文化认同，就与极端的、狭隘的民族主义有联系。开展满族文化研究与发展满族现代文化是中华文化建设的一部分，不影响中华文化共同性的增进，包容和尊重差异的共同性才会更有生命力和凝聚力。正常的差异并不会成为中华文化建设的障碍，处理得当，反而会成为动力。

满族语言与文化研究丛书的出版，体现了上述四个思考中提到的理念，笔者期盼更多此类研究成果涌现。

中国民族理论学会副会长，

延边大学、黑龙江大学兼职教授、博导，都永浩

总 导 言

　　满族（满洲）既是一个历史民族，也是一个现代民族，独特的发展历程铸就了其别具一格的文化特质，使之成为中华文明大花园的一朵奇葩。形成于明朝末年的满洲民族共同体，素有"马背上的民族""引弓民族"之称。满族族源可追溯至商周时期的肃慎，汉至两晋时期的挹娄（肃慎），北魏时期的勿吉，隋唐时期的靺鞨，宋、元、明时期的女真等均为肃慎后裔，也是满族的先世。这些部族长期繁衍生息于我国东北的"白山黑水"之间，在军事、政治、社会、文化上都创造了辉煌的成就，对中华民族文化的形成发展影响重大，意义深远。正如著名社会学家、人类学家费孝通先生所言，中华民族是由 56 个民族构成的多元一体，各民族文化的多样性构成了中华文明的丰富性。因此，研究满族语言及其历史文化具有重要的学术价值与现实意义。

　　全国唯一专门的满语研究机构——黑龙江省满语研究所自 1983 年成立以来，本着"把科研搞上去，把满语传下来"的办所宗旨，组建了国内第一个满语研究团队。自 20 世纪 80 年代以来，黑龙江省满语研究所充分利用地缘优势，连续对日趋濒危的满语进行抢救性调查，采用录音、录像等现代化手段，对黑河地区、齐齐哈尔地区和牡丹江地区仍然能够使用满语的满族老人进行连续性跟踪调查记录，完整保存活态满语口语原始资料。

近年来，抢救性调查范围拓展至赫哲语、鄂伦春语、鄂温克语、那乃语与锡伯语，搜集了较为全面丰富的满－通古斯语族诸语言调查资料。此外，黑龙江省满语研究所对满语语音、语法、词汇等基本理论问题展开了系统的分析研究。

1999 年 11 月，黑龙江省满语研究所整建制迁入黑龙江大学，组建黑龙江大学满族语言文化研究中心，研究领域由单一满语拓展至满族历史与文化，并利用黑龙江大学的人才培养机制，陆续创建与完善中国少数民族语言文学（满语）学士、硕士与博士三级学位培养体系，目前共培养满语本科、硕士、博士毕业生近 170 人。中国少数民族语言文学（满语）专业培养了大量的满语专业人才，毕业生多于满文档案保管机构从事满文档案整理与研究工作。2019 年 6 月，为适应学科建设发展需要，满族语言文化研究中心正式更名为满学研究院，标志着黑龙江大学满学学科建设迈上一个新台阶，成为集满语满学研究、满语人才培养、满族文化传承于一体的教学科研机构。经过几代人的努力，黑龙江大学满学研究团队以学科特色鲜明、学术积淀厚重、学科体系完善、学术研究扎实而享有一定学术声誉和社会影响力。

满族语言与文化研究丛书拟出版的 11 部专著即为满学研究院科研人员的近期学术成果。其中以满语研究为主题的成果 4 部，哈斯巴特尔《满语借词研究》，长山《清代满语文对蒙古语言文字的影响研究》，贾越《满语认知研究：形态、语义和概念结构》，魏巧燕《满语修辞研究》；以亲属语言比较研究为主题的 1 部，尹铁超《朝鲜语与满－通古斯语族同源词研究》；以满文文献研究为主题的 1 部，王敌非《俄藏满文文献总目提要》；以满族历史文化研究为主题的 5 部，阿拉腾《濒危满语环境中的满族祭祀文化》，郭孟秀《满洲崛起对东北少数民族文化认同的影响》，阿拉腾等《满族社会文化变迁研究》，吕欧《清代黑龙江地区世居民族交往交流研究》，高松《清代东北流人视野中的满族社会生活》。丛书研究既涉及基础理论问题，又涵盖以问题为中心的专题探讨；研究主题多偏重于历史范畴，亦有基于田野调查的现实问题研究。

这批成果是黑龙江大学满学研究院的教学科研人员经过一定时期的积累，秉持严谨的态度所推出的原创性成果。但是，学无止境，受自身专业与研究能力限制，相关研究或许还存在一些局限与不足，希望得到学界师友批评指正。

满语文已经退出或者说正在淡出历史舞台，不再具有现实应用性的交际交流功能。因而，满语文研究，乃至以满语文研究为基础的满学研究已经成为"具有重要文化价值和传承意义的绝学冷门学科"。在现代语境下，抢救保护与开发研究少数民族语言文化是一项意义重大而充满艰辛的事业，需要学术工作者坚持严谨的学术操守，抵制急功近利的诱惑，甘于"板凳要坐十年冷"的寂寞，同时更需要社会各界的大力支持与积极参与。

满族语言与文化研究丛书的出版要特别感谢香港意得集团主席高佩璇女士。自2009年开始，高佩璇女士从中华民族传统文化传承与保护的高远视角，先后出资700余万元资助黑龙江大学与香港大学饶宗颐学术馆合作开展"满族文化抢救开发与研究"项目。该项目旨在对现存活态满族文化进行抢救性调查与挖掘，对现存满文档案开展整理翻译与研究开发，以加强后备人才培养，拓展深化满族语言与历史文化研究。德高望重的国学大师饶宗颐先生大力倡导这一功在当代、利在千秋的民族文化事业，并为项目亲自题写牌匾"满族文化抢救开发与研究"。高佩璇女士以黑龙江省政协常务委员身份，多次撰写建议提案，向各级领导及社会呼吁关注支持满学研究与满族文化事业，并得到省委、省政府、省政协领导的重视与批示，彰显了深切的民族情怀与企业家的担当奉献精神。香港大学饶宗颐学术馆馆长李焯芬教授、副馆长郑炜明教授等在项目论证和实施中开展了大量细致工作。经过项目组成员十余年的努力，目前项目第二期即将结项，此次出版的11部专著即为该项目第二期的部分成果。在此谨向令人敬仰与怀念的饶宗颐先生（已故）致以敬意，向高佩璇女士等支持关注满学事业的社会各界仁人志士表示由衷感谢。

满族语言与文化研究丛书出版之际，还要感谢黑龙江大学领导及黑龙江大学重点建设与发展工作处的大力支持。感谢黑龙江大学出版社的帮助，正是在他们的努力下，本丛书得到了国家出版基金的资助；他们对所有选题进行认真审核，严把意识形态关，并邀请相关领域专家对每部专著内容予以审读，提出修改建议，大大提升了学术成果的严谨性。部分论著涉及满语文及音标，给录入排版造成了一定困难，幸有诸位编辑不辞辛苦，认真校对，保证内容的规范与质量，在此一并致谢！

黑龙江大学满学研究院院长，

博导、研究员，郭孟秀

序

语言和认知之间的关系一直受到广泛关注。语言学发展至今，纯粹的描写研究无法满足探寻语言本质的要求。语言学研究目的之一即为考察从形式到意义的语言各个现象的语言机制，阐明语言和人类认知之间的关系。

语言认知研究者专注于挖掘人类一般认知能力与语言结构和语言使用之间的关联，在 40 年来的发展历程中提出了很多有价值的理论分析框架。满语研究者近百年来取得了诸多引人注目的研究成果。语音、词汇和语法等基础研究的推进为开展满语交叉语言学研究提供了坚实可行的基础。目前，国内针对濒危少数民族语言现象进行认知方面的研究成果较为欠缺，尤其是满语认知研究具有广阔开垦和深入挖掘的研究空间。

鉴于此，笔者着眼于满语与认知的关系展开研究。

本书的目的是将语言认知研究的相关原则、理论和方法与满语的具体研究结合起来，用恰当的理论框架分析、阐释满语现象，用丰富的满语材料检验和补正现有论证，使我们获得对满语和认知之间关系的认识。

全书共分三个部分：第一部分建构满语形态范畴认知过程；第二部分重建满语语义范畴认知起源；第三部分分析满语概念结构的认知机制。在具体研究中，或从语言形式切入，探讨意义激发的认知动机，或从认知事象切入，考察满语的编码方式，以便契合地建构和阐释满语范畴化的相关认知研究问题。在体例和内容上，各个章节独立，读者可从任一章节展开阅读。

笔者尝试采用新视角发现满语新问题，运用新方法研究满语旧问题，利用新理论阐释满语新观点。因此，不可避免地存在一些疏漏和不足，有些问题未能展开深入讨论，有些问题尚未得以触及。望通过笔者的小小探索，为满语认知研究抛砖引玉，敬请专家和广大读者批评指正。

2021 年 8 月 28 日

贾越

目　录

第三部分 满语概念结构认知机制研究

导　言

0.1　研究缘起

语言反映人类认知客观世界的方式，语言学研究的目的之一即为考察从形式到意义的语言的各个现象和结构的语言机制，阐明语言和人类认知的关系。范畴是认知主体对外界事体属性所做的主观概括，对范畴的认知往往反映出人类认识客观世界的历史阶段性。范畴反映在语言中的语法形态、语义、概念结构等形式和意义的建构中。因此，形态、语义和概念结构体现了认知主体的认知模式和心智活动的作用。因而对这三者的认知过程加以研究，有助于语言认知模式的构建。

满语属于阿尔泰语系满－通古斯语族，是一种濒危的历史语言。不过由于清代留有大量的满文文献资料，因此，尽管现在满语已经濒危，通过这些珍贵的文献资料，我们仍然可以观察到满语丰富的语言现象。这为我们研究满语的形态、语义和概念结构及其认知，提供了丰富而详细的语言材料。

经过几代专家学者们的努力，满语语法研究已经取得丰厚的成绩。虽如此，却仍然存在进一步深入研究的空间，某些具体的语言问题尚待深入描写、比较、阐释等研究。这些研究包括以下几个方面的内容：满语并列结构、比较结构、重叠结构、名物化结构等概念结构的描写研究；词汇语义如指示代词、反身代词、疑问代词多功能意义等的语法化及其原因研究；单纯从语法描写和相关语言历史比较中无法予以适当解释和说明的问题，如满语格范畴标记的多义性和语法功能交叉的区别、联系及原因等问题的研究；满语数范畴仅标记人类名词深层原因等难以解释的问题的研究。针对以上问题，我们可以基于语言类型学的研究框架逐一加以深度描写予以解决。而对语言和认知的关系问题，则可尝试从语言的发展与认知的关系上展开讨论，将语言形态、语义和概念结构与人类对概念的范畴化之间的关联这么一种语言现象，作为一个重要的线索，探讨二者之间的关系。

目前，针对濒危少数民族语言进行认知方面的研究成果较为欠缺，国内外相关研究成果尚未有对满语认知进行研究的。通过研究满语与认知模式的关联性，可以扩展满语的研究领域，促使满语研究更加深入，进而促进满－通古斯语族乃至阿尔泰语系语言的比较研究。满语认知研究可为语言类型学和认知语言学提供满语共性与个性语言样本；为其他民族语言的认知研究提供研究思路和范式；亦可为人类学、文化学等学科领域提供濒危满语认知方面的参考材料。因此，从人类认知视域运用认知语言学理论方法对满语形态、语义和概念结构等范畴进行研究是极其必要且有意义的。

0.2　研究依据的理论前提和观点立场

语言形态是人类认知客观世界的范畴化产物，反映人类的认知心理。笔者针对形态范畴和概念结构，以世界语言类型学的调查成果为线索，查明满语的普遍性类型和满语个别性语法特征，探讨人类思维共性和族群思维特性在满语中的体现方式，阐释促进语言形态结构形成的认知来源动机。

0.2.1 本书依据的理论前提

0.2.1.1 语言和认知的关系

关于语言和认知的关系，有多种观点，其中特别具有影响力的有以下几种：

1. 语言是创造心的活动及其他活动的中心。（Sapir 1921，Whorf 1956）

2. 语言是基于人类天赋中天生的部分。（Chomsky 1986）

3. 语言等同于认知。（Langacker 1987）

4. 语言是反映人类的概念化的产物。（Lakoff，Johnson 1980；Lakoff 1987）

本书采用上述第 4 种观点，语言和认知关系的描述，即语言结构是反映人类概念化的模型。语言基于模型得以形成，模型包含概念整合和概念转用等相关信息。在不同的语言中，概念整合化的语言结构存在不同概念之间的体系联系，这便使参照人类经验及其经验运用样式解释语言结构成为可能。

0.2.1.2 认知语言学的研究观点

Croft 和 Cruse（2004）关于认知语言学的语言观，可大体总结为以下 3 个定律。

1. Language is not an autonomous cognitive faculty.
   语言不是自律的认知能力。
2. Grammar is conceptualization.

语法是概念化产物。

3. Knowledge of language emerges from language use.

语言知识发展于语言运用。

（Croft，Cruse 2004：1）

认知语言学给语言研究提出的预测之一是，"意义"比"形式"丰富得多，"形式"作为"意义"的生成结果而存在。由"意义"激发"形式"的产生，常常是动态的紧张关系，而不是静态的稳定关系。换言之，特定的语言现象是基于某种语言特有的"主观"动机的"认知模式"对事态把握解释的"形式"而生成的。认知语言学的语言研究是基于重视"主体"性的语言观之上的，人类具有的认知能力及其运用，反映在对语言进行外部世界的解释重建模式，以及对外部世界概念意义的范畴化之上。①

0.2.1.3　语言类型学和认知类型学

语言类型学是通过世界上多种语言的调查结果，探索自然语言中可见的类似性（普遍性）和可变性（个别性）范围的语言研究领域。② 类型学研究方法是与乔姆斯基提倡的形式主义相对立的功能主义，即根据语言现象所承担的功能进行解释的方式，也称功能类型学的研究方法。认知类型学则是以多语言调查获得的人类语言普遍性和个别性为对象，从人类的认知能力和认知动机出发，探求和阐释自然语言中语言间呈现的普遍性和个别性的认知动因。将语言类型学与认知语言学等理论知识相融合，为这两个领域做出认知类型学贡献的代表成果之一是"激进构式语法（radical construction grammar）"③。

---

① 此处术语与英文对应如下：意义（semantic potentiality），概念化（construal, conceptualization），形式（linguistic form, construction, grammar category），认知模式（cognitive modes），动态的紧张关系（dynamically strained relations）。

② 该归纳参考 Comrie（1981，1989），Croft（1990，2003），Whaley（1997）等人观点。

③ Croft William, *Radical Construction Grammar Syntactic Theory in Typological Perspective*, Oxford：Oxford University Press，2001.

0.2.2 本书涉及的概念含义

0.2.2.1 多义性

一个语言形式连接了两个或多个意义，究竟是单义（同音异义）的，还是多义的，这是语言学的重要课题，也是争论不绝的问题。确定多义性的传统定义有以下三个基准[①]：

1. 具有两个或两个以上的关联意义。
2. 关联意义只与一个语言形式关联。
3. 该形式属于同一个形态句法范畴。

关于多义性的来源动机，可从结构的、心理的、起源的三个方面进行区别考虑。Lichtenberk（1991：476）导入了同源多义（heterosemy）的术语，指"（某一种语言中）两个或两个以上意义或功能，是由同一个词源派生的意义，在历时过程中从共同的起源向不同的形态句法范畴发展产生的"。起源多义性的思考方法中还有类型的相似准则（typological convergence criterion）。（Hopper，Traugott 1993：71）

0.2.2.2 概念转用

语言结构是我们人类与周围世界相互作用的产物。我们创建会话，发展语言范畴的方法，是从我们体验周围环境，将体验到的经验运用于人类特有的交流中直接派生形成的。使用某概念将不同的概念关联在一起，是人类共通的交流方法之一。概念转用是单向的历史过程，从具体的意义向抽象的意义和更抽象的意义发展。

---

① 其中第 3 条基准是非限定的必要性条件。

0.2.2.3 主体化和客体化

Langacker 的认知语法以认识的"主体"和"客体"的非对称性为前提，主体（subjective）和客体（objective）的术语共同用于解释外部观测的认知模型。经过"主体化"的认知机制介入类像性（iconicity）①生成的语言形式的语法范畴与经过"客体化"的认知机制介入类像性生成的语言形式的语法范畴之间是不能互换的。根据"客体化"认识事象（event）的语言，其语言形式可以保证"客体性"；根据"主体化"认识事象的语言，其语言形式无法保证"客体性"。

0.2.2.4 类像性、语法化

类像性原理是在各个语言的语言形式（形态结构、语法范畴等）中反映意义和认识事象的"相似认知模式"的样式。

语法化是伴随着意义内容逐渐弱化的"主体化（subjectification）"的认知过程。

0.2.3 本书的观点立场

1. 某语言群体使用的语言形式（形态结构、语法范畴等）及其意义是该族群认识外界事象、解释存在世界的方式的具象化表现。

2. 语言的主要功能是传达意义，可以从传达意义功能的角度来阐释当前语言的运作方式、语言结构的形成方式。语言运用与认知存在联系，从语用分析切入，探讨意义范畴化认知领域是一个研究途径。

3. 表现意义使用的形式带有动机性，即语言形式被导入实现某特定功能时，形式已经具有了意义。因此，可以通过分析意义和功能，探讨某个语言形式被选择的动机，或从形式的意义变化，探讨意义演变的动机。

① 又作"象似性"。

4. 语言的使用和发展动机是语言结构的外部因素，因此将语言外的解释和语言内的解释相结合更具理据性和科学性。

5. 语言是历史的产物，可以从形成语言（语法结构、词类范畴等）的语源等要因来解释阐明某些语言发展的认知来源。

6. 语法化具有方向性，即从词汇的形式结构到语法的形式结构，从语法的形式结构再到更语法的形式结构，这一过程呈现了认知心理路径的变化过程。

7. 人类对客观世界的认知和语言编码，离不开人类的主观性认知。语言具有主观性，语言的主观化机制的发展依托于人类反复的语言运用活动，这是一个相互促进的过程。

0.2.4　本书采用的语言描写和理论分析的框架

本书采用认知语言学、功能语言类型学、认知类型学、语言形态学等理论框架，对满语形态范畴及概念结构等进行认知模型及认知机制方面的研究。本书在具体研究中，或从形式切入，探讨意义激发的认知动机，或从认知事象切入，考察满语的编码方式，以便更契合地阐释满语语言现象的相关认知研究问题。本书建构认知模型的关注点不在于某个特别的语言形式或文字意义，而在于考虑某一个形式或意义被选择背后的认知原因。

0.3　总体框架

本书在语言类型学的框架下，采用认知语言学视角，以黏着语类型的满语为研究对象，基于满语书面语语料，探讨满语形态、语义和概念结构所反映的满语群体的语言认知范畴化过程和思维认知系统，通过建构认知模型，阐释其认知过程，揭示满语的认知规律和思维模式。

本书在章节安排上分为三个部分，共包括 8 章内容。

第一部分 满语形态范畴认知过程建构

第1章 满语格范畴认知扩展模型建构

从认知语言类型学观点来看，格是认知的标志，标示构成事象的事项与事项的客观和主观关系，满语格标记及其表示的语法功能具有多义性。该章引入认知标志格的观点分析满语格现象，探讨格的多功能形式与意义关联模式和语义功能交叉的格之间的联系和动因；采用原型理论，分析格系统语义原型，探讨格多功能意义间的认知关联和扩展过程；重建格系统认知范畴化过程，制表观察格渐变性的认知原理；分析格标记多义性认知来源，探讨语义格多义性的认知扩展机制，考察担当句法语义功能的深层格和认知之间的关系问题；阐释格系统与人类认知共性和族群思维特性的关联性。

第2章 满语数范畴认知过程建构

满语名词和代词具有数的语法范畴。有生性（animacy）在满语数的语法范畴中起到重要的制约作用，有生性的本质是人类认知范畴化的概念。该章在对满语数形态语法范畴细致描写分析的基础上，对满语数范畴的认知来源、有生性对数范畴的制约等问题进行了认知方面的探讨。在2.1数范畴的认知来源部分，通过满语数的标记区域和满语复数词缀接加条件，重建了满族先民对"数"的认知过程；通过实例分析建立了复数词缀与分配数词词缀同一的关系，其同一性反映了人类普遍的思维方式。在2.2数范畴与有生性部分，明确了复数词缀的语法化程度尚处于表示集合数意义的初级阶段，有生性对满语语法中数范畴的限制，主要表现在复数标记的标记区域，即有生性高的名词具有数的区别，有生性低的一方不具有该形式。

第二部分 满语语义范畴认知起源建构

第3章 满语数词体系认知起源建构

该章通过探索数词早期词源语义，重建数词体系的认知来源模型。基本步骤为根据重复出现频率最高的语素选择策略，从基本数词体系中提取出能产性最高的语素信息，以该常用语素作为入口，分析数词词源信息，探索早期词源语义，参照与数词体系容易发生连接的语言意义上的特性，构建数词来源的概念雏形，进而追溯满语认知数词意义的思维来源。作为研究结论，将满语数词起源认知模型建构为手模型、母子模型和计数体系模型，并将三种模型进一步整合归纳为人类身体模型。

第 4 章　满语空间定位概念认知起源建构

空间定位概念分为基本方位系统和直示方位系统，满语中通过系列方位词表示这两种方位系统。该章对表示满语定位概念系统的方位词进行结构分析和词源信息重建，探讨满语空间定位模式，构建满语空间定位概念的起源认知模型。

4.1 满语空间定位模式部分，从追溯词源语义的角度，重建满语直示方位系统"上""下""左""右""中""前""后"，以及基本方位系统"东""西""南""北"的概念来源。4.2 满语空间方位系统起源概念的认知模型部分，将满语方位词空间起源认知模型，建构为动物身体模型和地标模型。动物身体模型是直示方位系统的来源模型，地标模型既为直示方位系统，也是基本方位系统的来源模型。直示方位和基本方位之间存在相关性的认知来源是太阳移动位置和江河地标模型。

第 5 章　满语代词体系语法化认知起源建构

该章从认知和语用、认知和语义的视角，对满语代词次类指示代词、反身代词、疑问代词进行了认知考察，着重探讨指示代词、疑问代词、反身代词的多义性和语法化发展的认知路径。

5.1 满语指示代词语法化认知投射路径部分，对满语指示代词指代意义的演变类型进行了认知阐述。指代意义的原型范畴是人类对空间相对位置的认知。指代时间远近、指代心理亲疏等语义功能的发展是人类通过心理空间投射和转喻等认知机制，提取其空间相对位置而产生的结果。5.2 满语反身代词语义指向性认知来源部分，以意义作为焦点，对反身意义来源进行认知方面的阐述。人类对自身主体性和客体性两个属性的语言编码方式，反映了人类将"自己"概念化的思维过程。5.3 满语疑问代词语法化认知机制部分，以共时研究视角，比较满语疑问词的疑问用法与非疑问用法的语法特征，从句法和语义两个维度，观察满语疑问代词的语法化过程，并对驱动满语疑问代词语法化产生的认知机制进行探讨。指示代词、反身代词、疑问代词的语义变化和语法化是人类认知主观化和客观化共同作用的结果。

第三部分　满语概念结构认知机制研究

第6章　满语比较结构认知图式

满语比较结构是满语群体对认知模型"事象图式"进行编码化、语法化所形成的概念结构。满语中的比较概念，基于认知模型的事象图式得以结构化，进而形成满语比较结构。

该章基于人类认知事象图式，对满语比较结构进行了语言编码化建构，解释满语编码人类比较概念的语言结构，探讨认知模型与其认知结果的语言结构之间的关系。6.1满语比较概念结构的意义和类型部分，明晰了满语比较概念结构的意义与比较概念结构的类型。6.2基于"事象图式"的满语比较结构语言编码部分，重建了满语比较结构来源的8个"认知事象图式"，其中起点图式、位置图式、目标图式以场所概念为基础，行为图式、位置图式、起点图式、目标图式、对极图式较为常见，类似图式、连续图式、主题图式则较为少见。满语编码比较概念认知图式的形态句法结构可归纳为两种类型：a. 命题－附加语；b. 命题$_1$－命题$_2$。

第7章　满语并列结构认知理据

该章基于语言类型学跨语言观察的并列结构理论框架，考量并归纳满语并列结构的形态、句法、语义类型，考察并列结构的类型学特征，为类型学跨语言观察提供满语材料，以完善语言类型学理论框架。

7.1并列结构的类型学特征部分，考察了满语的并列策略和并列标记、并列结构的语义类型特征和并列结构的句法范畴。以此为基础，在7.2并列结构认知来源机制部分，探讨满语并列结构的意义和引发并列结构的认知机制。满语并列结构的认知机制主要由主观化机制、认知域和类像性原则、概念整合等促发，并列结构的出现是思维对相似概念加以整合归类的结果，反映了人类整合归类相似概念的认知处理方式。

第8章 结语

该章对全书的内容进行了总结，指出了满语认知研究的重要观点和未来展望。

0.4 相关说明

0.4.1 材料和说明

本书利用的清代满文文献资料主要有《满文老档》《满洲实录》《重刻清文虚字指南编》《清文启蒙》《清语问答四十条》《清文接字》《清文指要》《续编兼汉清文指要》《使交纪事》《随军纪行》《异域录》《尼山萨满》《满汉成语对待》《百二十老人语录》《一百条》《庸言知旨》《圣谕广训》《八旗满洲氏族通谱》《上谕八旗》《白塔信炮章程》《亲征平定朔漠方略》《御制翻译四书》《满汉西厢记》《金瓶梅》《古文观止》等。

满语转写采用穆麟德（P. G. von Möllendorff）的罗马字母转写系统。满语语音形式以满语书面语语音为基准，采用国际音标标注。语法标注采用莱比锡标注规则。

关于满语语法范畴的标注，本书基本沿用传统观点。目前学界对满语动词结句词尾形态诸如 -habi、-mbihe、-mbihebi 等意义存在观点分歧，本书不涉及动词时、体和情态等范畴的研究，因而将这类词尾均标注为"TAM"（tense/aspect/mood），表示"时""体""情态"或其结合意义。满语名词主格为零形式，未做标注。满语副动词形态仅区分标注并列副动、顺序副动、假设副动，其他如直至副动、延伸副动等形式统一标注为副动词"CVB"，未做区分标注。

0.4.2 缩略符号

1：第一人称（first person）

2：第二人称（second person）

3：第三人称（third person）

SG：单数（singular）

PL：复数（plural）

INCL：包括（inclusive）

EXCL：除外（exclusive）

NOM：主格（nominative）

ACC：宾格（accusative）

GEN：属格（genitive）

DAT：与格（dative）

ABL：离格（ablative）

PRL：经格（prolative）

PRS：现在时（present tense）

PAST：过去时（past tense）

FUT：将来时（future tense）

TAM：时/体/情态（tense/aspect/mood）

NEG：否定（negation）

PASS：被动（passive）

CAUS：使动（causative）

VOC：态（voice）

CVB：副动词（coverb）

SIM：同时（simultaneous）

COND：条件（conditional）

SEQ：序列，顺序（sequence, sequential）

NMLZ：名物化（nominalizer）

PART：分词（participle）

AUX：助动词（auxiliary）

IMP：命令（imperative）

OPT：祈愿（optative）

COP：系词（copula）

COMP：标补语（complementizer）

EXIST：存在（existential）

PROH：禁止（prohibitive）

INT：语气词（interjection）

INF：推测（inference）

TOP：话题化（topic）

AN：有生命（animate）

DEF：定指，有定（definite）

DEM：指示词（仅远指）（demonstrative）

DEM.PROX：指示词（近指）（demonstrative proximate）

DIST：分配（disjunction）

QM：疑问标记（question marker）

QP：疑问小词（question particle）

PN：代名词（pronoun）

REFL：反身（reflexive）

RDP：重叠（reduplication）

STD：比较基准（standard）

CO：并列标记（coordination marker）

第一部分 满语形态范畴认知过程建构

第 1 章

满语格范畴认知扩展模型建构

格系统是格范畴形式及意义的集合。格范畴作为语言概念范畴，反映人类共通性底层概念认知。格形态是现实中事物与事物、事物与行为之间不同关系的映射，属于关系范畴。满语格系统是复杂的语言系统，与形态系统、语义系统、句法系统密切联系，格标记及其表示的语法功能具有多义性。满语格标记的多义性问题是探讨语言和认知关系的重要入口。

　　语言描写中采用的"格"术语是具有多义性的。这个术语在某些场合反映形态和屈折的表层格（surface case），在某些场合反映外部世界真理条件的深层格（deep case），在某些场合指语法关系（grammatical relation）的格意义，有时还指题元角色（thematic role）的语义作用。语言反映人类的认知，语言学研究的目的之一是考察从形式到意义的语言各个现象的语言机制，阐明语言和人类认知的关系。对于语言和认知的关系，可将深层格与题元角色之间关联的语言现象作为一个重要的线索，以此探讨语言和认知之间的相互关系。

　　本章引入认知标志格的观点考察满语格现象：探讨格的多功能形式与意义关联模式和语义功能交叉的格之间的联系和动因；采用原型理论分析格系统语义原型，探讨格的多功能意义间的认知关联和扩展过程；重建格系统的认知范畴化过程，制表观察格的渐变性认知原理；分析格标记的多义性认知来源，探讨语义格多义性的认知扩展机制，考察担当句法语义功能的深层格和认知之间的关系问题；阐释格系统与人类认知共性和族群思维特性的关联性。

1.1 满语表层格的多义性

1.1.1 满语屈折格系统的构成

满语为短语标记语言（phrase-marking language），格后缀标记在短语中心成分上。从格标记的模式来看，满语属于主宾格语言。主宾格语言中 S（不及物动词小句的唯一论元）和 A（及物动词小句中最具施事性的论元）标记相同，并区别于 P（及物动词小句中最不具施事性的论元）。

满语屈折格系统由主格 -∅、宾格 -be、属格 -i（-ni）、与格 -de、离格 -ci、经格 -deri 构成，通过这六个格词缀表达不同的格关系。在满语的六个格中，主格和宾格的核心功能是标记句中核心论元 S、A 和 P 的句法功能，主要表达句法主语和宾语，可将之归为句法格。与格、属格、离格、经格标记间接宾语、状语等非核心论元，其核心功能表示句中述语与非核心论元及核心论元与非核心论元之间的多种语义关系，可将之归为语义格。[①]

基于满语各个格标记的形态句法语义特点和核心功能，可将满语格系统分为句法格和语义格。其中句法格包括主格和宾格，表达句法的主语和宾语；语义格包括属格、与格、离格、经格，表达述语与间接宾语、状语

---

① 属格分布在名词短语中标记中心词，不关涉子结构，处于低一层级，由于它具有工具格意义，因此归入语义格。与格可以标记双及物小句的间接宾语，但是，满语间接宾语论元非强制性，并且标记间接宾语的句法功能源自动词的词汇语义选择，表达语义关系是其核心功能，故将其归为语义格。

等多种语义功能。满语格系统[①]，如表 1 - 1 所示：

表 1 - 1　满语格系统（-∅ 代表零形式）

格		格标记	句法功能	语义功能
句法格	主格	-∅	主语	施事；历事
	宾格	-be/省略	宾语	客体；受事
语义格	属格	-i	定语；状语	领属；工具
	与格	-de	状语；间接宾语	接受者；受益者；目标；场所；工具
	离格	-ci	状语	来源；比较
	经格	-deri	状语	经由；路径

1.1.2　满语语义格的多义性

我们在本章 1.1.1 中指出满语格系统具有 4 种语义格，分别为属格 -i（-ni）、与格 -de、离格 -ci、经格 -deri，用于标记状语、间接宾语等非核心论元，表达句中述语与非核心论元的语义关系及核心论元与非核心论元之间的各种语义关系。如表 1 - 1 所示，满语语义格表达的语义功能范畴具有多义性，各个语义格之间的语义功能具有相似性。下面我们具体分析满语 4 种语义格所表达的多功能意义。

1.1.2.1　属格的多义性

满语属格标记为 -i，表达领属和工具语义功能。在名词短语中，属格标记从属名词，表示名词性的词和中心词之间从属与同位等各种限定语义关系。作为动词论元，表示动作行为凭借的工具或方式、手段或方法等工

---

① 格的分类和命名参考了 Barry J. Blake, *Case* (2nd ed.) (Cambridge Textbooks in Linguistics), Cambridge: Cambridge University Press, 2004。

具语义功能。在名物化结构中，用于标记施事。

1. 领属

属格原型功能除表达所有者与被所有者的领属关系外，还包括场所、方向、来源、原因、比较基准、经由、目标、性质、时间、范围等各种关系。

领属：ama-i gala［阿玛-GEN 手］"阿玛的手"

ubasi-se-i fulun［乌巴什-PL-GEN 俸禄］"乌巴什的俸禄"

场所：boo-i dolo［房子-GEN 内］"房子里面"

方向：fa-i tule［窗户-GEN 外面］"窗外"

来源：abka-i kesi［天-GEN 恩情］"天恩"

原因：niyalma-i endebuku［人-GEN 错误］"人的过失"

比较基准：gege-i adali［小姐-GEN 一样］"小姐一样"

经由：monggon-i da［脖子-GEN 头］"脖子根儿"

目标：gurun boo-i jalin［国家-GEN 为］"为了国家"

性质：ejen-i gurun［王-GEN 国家］"王国"

时间：julge-i niyalma［古代-GEN 人］"古人"

范围：yamun-i hafasa［朝廷-GEN 官员］"朝士"

质料：bele-i hūda［米-GEN 价格］"米价"

2. 工具

属格 -i 标记动词补语，表示行为、动作的工具、手段、方法等。

(1-1)

tere	loho-i	saci-ci	ere	gida-i
DEM	刀-GEN	砍-COND	DEM. PROX	枪-GEN
ali-bu-ha,	ere	gida-i	toko-ci	tere
呈-CAUS-PAST	DEM. PROX	枪-GEN	刺-COND	DEM

loho-i　　　　　　　jaila-bu-ha.

刀-GEN　　　　　　躲避-CAUS-PAST

那个用刀砍，这个用枪架；这个用枪刺，那个用刀搪。(《新满汉大词典》)

3. 施事

属格 -i 分布在动词名物化短语结构中，表示施事。

(1-2)

a.　age-i　　　　ji-he-be　　　　　　bi　　fuhali　oron

　　兄-GEN　　来-PAST. NMLZ-ACC　1SG　全然　根本

　　donji-ha-kū.

　　听说-PAST-NEG

　　我一点没听说阿哥来了。(《一百条》)

b.　irgen-i　　buce-re-be　　　　　gosi-ra-kū　　　　o-fi.

　　民-GEN　　死-PRS. NMLZ-ACC　怜悯-PRS-NEG　　AUX-SEQ

　　因不怜民之死。(《满洲语入门 20 讲》)

1.1.2.2　与格

与格标记为 -de，表示述语与非核心论元的语义关系。满语语义格中，与格所标记的语义角色最为丰富。表达的语义功能有受益者，目标，方向，工具，场所，时间，比较基准，原因，状态/样态，限定/确定，被动结构的施事、场所、时间等。

1. 受益者

与格 -de 标记具有授受意义的动词（如 unggi-"给"、bu-"交"、taci-"教"等）的间接对象，表示动作的受益者。

(1 – 3)

a. bi   hacin   aname   suwe-de   taci-bu-me   ala-ki.

　　1SG   项   依次   2PL-DAT   教-CAUS-SIM   告诉-OPT

　　我逐项地告诉你们。（《百二十老人语录》）

b. ere uthai ferguwecuke   se-cina   minde   bisi-re-ngge

　　这 立刻   奇   AUX-INT   1SG. DAT   有-PRS-NMLZ

　　o-ci   inde   bu-mbi-dere.

　　AUX-COND 3SG. DAT   给-PRS-INT

　　这就奇怪了，要是我有，就给他了。（《清文启蒙》）

2. 目标

与格 -de 标记某些情感或静态不及物动词（如 akda-"信任"、afabu-"委任"、aca-"适合"等）所关涉的间接对象，表示情感目标。

(1 – 4)

miyoocan-i   muhaliyan   unggala-de   acana-ra-kū-ngge   bi.

枪-GEN   子弹   口-DAT   适合-PRS-NEG-NMLZ   有

有子弹与枪口不相合的。（《上谕八旗》）

3. 被动结构的施事

与格 -de 分布在动词被动结构中，表示施事。

(1 – 5)

a. weri-de   basu-bu-mbi.

　　别人-DAT   耻笑-PASS-PRS

　　被人耻笑。（《重刻清文虚字指南编》）

b. be   g'aldan-de   gida-bu-ha.

　　1SG   噶尔丹-DAT   战胜-PASS-PAST

我等为噶尔丹所败。(《亲征平定朔漠方略》)

4. 限定/确定

与格 -de 表示某种评价成立的限定条件或确定对象。

(1-6)

a. yaya niyalma belge-i   gese erdemu bi-ci   beye-de

凡   人   粟粒-GEN 似的 德   有-COND 自己-DAT

tusangga.

有益的

凡人有粟粒之技，尚且说于己有益。(《清文启蒙》)

b. gucu   niyaman-de   duyen.

朋友   亲戚-DAT   冷淡

对亲戚朋友冷冷淡淡。(《满汉成语对待》)

5. 场所

与格 -de 表示场所意义，有动作或行为的发生场所、目标场所、趋向场所、动作归落场所，存在场所以及包含存在与否及行为意义的形容词述语的场所等意义，依次如例句（1-7）a~f 所示：

(1-7)

a. age   uba-de   emu dobori dedu-fi cimari jai

阿哥   这里-DAT   一   夜   睡-SEQ 明日   再

gene-cina.

去. OPT-INT

阿哥，在这里睡一夜，明日再去吧！(《清文启蒙》)

b. oros   elcin   ishun aniya-i   juwe biya-de   teni

俄罗斯 使节   来   年-GEN   二   月-DAT   才

kuren-de　　　isina-mbi.

库伦-DAT　　到达-PRS

俄罗斯使节于来年二月份方抵达库伦。(《嘉庆朝·满文月折档》)

c. hanciki-ci　　goroki-de　　isina-mbi　　dorgi-ci　　tulergi-de

近-ABL　　　远-DAT　　　至-PRS　　　中-ABL　　外-DAT

hafuna-mbi.

达-PRS

由近及远，由中达外。(《重刻清文虚字指南编》)

d. we-i　　　　niru-de　　　　bi.

谁-GEN　　　牛录-DAT　　　在

在谁的牛录？(《清文启蒙》)

e. ilan　　takūra-ha　　　hafan　　doro-i　　etuku　　etu-fi

三　　差-PAST. PART　官　　礼-GEN　衣服　　穿-SEQ

asaha-de　　ili-ha.

旁-DAT　　立-PAST

三位差官身穿礼服，立于一旁。(《使交纪事》)

f. manju　bithe-de　untuhun　hergen　baitala-ra　　　　ba

满洲　书-DAT　空　　　字　　使用-PRS. NMLZ. PART　地方

umesi　　labdu.

非常　　多

清文虚字用处最多。(《重刻清文虚字指南编》)

6. 工具

与格 -de 表示动作或行为的方式、方法、手段等工具意义。

(1-8)

beri-de　aksa-ra　　　　gasha　asu-ci　šulhu-he　　　nimaha.

弓-DAT　惊吓-PRS. PART　鸟　　网-ABL　漏-PAST. PART　鱼

惊弓之鸟，漏网之鱼。(《语文杂抄》)

7. 原因

与格 -de 表示事件或状态产生的原因和依据。

(1 – 9)

usihin-de   derbe-mbi.

潮-DAT   湿-PRS

因潮而湿。(《新满汉大词典》)

8. 时间

与格 -de 标记时间词，表示时间，如例句（1 – 10）a 中；标记非时间词，表示期间，如例句（1 – 10）b 中。

(1 – 10)

a. tere   sunja   erin-de   bithe   hula-mbi.

   3SG   五   时-DAT   书   读-PRS

   他五点钟读书。(《满语语法》)

b. tuktan-de   angga   alja-ha   bi-he

   开端-DAT   口   允许-PAST   AUX-PAST

   sira-me   gisun   aifu-ha.

   继而   言   改口-PAST

   始而应允，继而食言。(《重刻清文虚字指南编》)

9. 状态/样态

与格 -de 标记在从句之后，连接从句和主句，表示主句动作发生时处于的状态或样态。

(1－11)

a. mini   dosi-ka-de   momohon-i   gemu   soksohori

    1SG.GEN   入-PAST.NMLZ-DAT   静悄悄-GEN   都   泰然

    te-ce-hebi.

    坐-VOC-TAM

    我进去时，众人都静悄悄地坐着呢。(《满汉成语对待》)

b. ejen-i   duka-be   dosi-re-de   beye

    主人-GEN   门-ACC   入-PRS.NMLZ-DAT   身体

    mehu-re   gese   baktanda-ra-kū-i   gese.

    鞠躬-PRS.NMLZ   一样   容-PRS-NEG.NMLZ-GEN   一样

    入公门，鞠躬如也如不容。《御制翻译四书·论语上》

c. wa-ra-kū   mejige-be   donji-ha-de

    杀-PRS-NEG.PART   消息-ACC   听-PAST.NMLZ-DAT

    ini   cisui   wasi-mbi   kai.

    自   然   下去-PRS   INT

    闻不杀之消息，自然下山。(《满文老档》)

10. 比较

与格 -de 标记比较基准项，表示评价或检验某种事物的标准。

(1－12)

a. haha-i   ubu-de   bi   eberi   akū.

    男人-GEN   本事-DAT   1SG   弱   NEG

    论大丈夫的本领，我并不弱。(《蒙古源流》)

b. em-te   nicuhe-de   tanggū   yan   menggun   sali-ci   o-mbi.

    一-DIST   珠-DAT   百   两   银   值-COND   可以-PRS

    一珠可值百十斤。(《择翻聊斋志异》)

c. tuwa-ra-de ja gojime yabu-re-de mangga.

看-PRS.NMLZ-DAT 容易 而 做-PRS.NMLZ-DAT 难

看时容易做时难。(《清文接字》)

11. 理由/结果

与格 -de 表示理由和结果时可后附语气词结句。

(1 – 13)

a. mini hairanda-ra-ngge suwe-ni geren-i jalin-de

1SG.GEN 珍惜-PRS-TOP 2PL-GEN 大家-GEN 为了-DAT

kai.

INT

我是为你们而可惜的啊!(《满洲实录》)

b. asihata-i kice-me taci-ra-kū-ngge

少年-GEN 勤-SIM 学-PRS-NEG-TOP

ai haran, bithe amtan-be sa-rkū-de kai.

什么 原因 书 甜-ACC 知道-PRS.NEG.NMLZ-DAT INT

少年不肯勤学是什么原因,就是没有尝到读书的甜头啊!(《重刻清文虚字指南编》)

c. dosi-re-de dali-ci ojo-ra-kū-ngge ceni

入-PRS.NMLZ-DAT 抵御-COND 能-PRS-NEG-TOP 3PL.GEN

kumdu-be fondolo-ro-de kai.

空虚-ACC 穿过-PRS.NMLZ-DAT INT

前进时,(敌人)无法抵御,是由于冲向他们防守薄弱的地方。(《军令》)

　　满语语义格中,与格表示的语义功能最为复杂,与格标记 -de 表示的意义功能可以细化为:受益者、目标、被动、限定/确定、场所、工具/手

段、原因、时间、状态/样态、比较、理由/结果等多种语义解释。本章
1.2将对与格的多功能意义的来源展开分析，以此探讨满语语义格多义性
的认知扩展机制。

1.1.2.3　离格

离格标记为 -ci，表示事件或行为动作的源点以及时间上或空间上的起
始点。在差比句中，离格标记比较基准项，表达事物之间的比较关系。

1．源点

离格 -ci 的原型功能表示事件或行为等在时间或空间的源点。

（1－14）

a. hanciki-ci goroki-de　isina-mbi　dorgi-ci　tulergi-de　hafuna-mbi.

　　近-ABL　　远-DAT　　　至-PRS　　中-ABL　　外-DAT　　达-PRS

　　由近及远，由中达外。(《重刻清文虚字指南编》)

b. yalu giyang　　alin-i　　julergi-ci　　tuci-fi　　wasihūn　eye-fi

　　鸭绿江　　　　山-GEN　南-ABL　　　出-SEQ　　西　　　流-SEQ

　　liyoodung-ni　julergi　　mederi-de　　dosi-kabi.

　　辽东-GEN　　南　　　　海-DAT　　　入-TAM

　　鸭绿江自山南源出，向西流入辽东南边之海。(《满洲实录》)

2．场所

离格 -ci 表示动作移动的趋向场所、动作的目标场所，分别如（1－
15）中 a、b 所示：

（1－15）

a. fu ning-ci　　　bedere-he.

　　抚宁-ABL　　　回-PAST

　　回到抚宁。(《满文老档》)

b. oros   kungger-ci   sandalbu-ha-ngge   udu   goro.

俄罗斯　崆噶尔-ABL　间隔-PAST-TOP　多少　远

俄罗斯距崆噶尔有多远？（《乾隆朝·满文俄罗斯档》）

3. 比较

离格 -ci 在差比句中标记比较基准项，表示比较的标准。

（1-16）

a. dzi lung   joofan-ci   duin   biya   ahūn.

子龙　　赵范-ABL　四　　月　　年长

子龙长赵范四个月。（《三国志演义》）

b. buliyat-i   gisun   muru   oros-ci   cingkai   encu.

布里亚特-GEN　语言　相貌　俄罗斯-ABL　非常　　差异

布里亚特言辞相貌与俄罗斯差异很大。（《道光朝·满文月折档》）

4. 行为主体

离格 -ci 有时表示言说类、思考类等动词的行为主体。

（1-17）

a. dergi-ci juwan tofohon inenggi dolo isinji-mbi se-ci

上-ABL　十　　十五　　日　　内　　至-PRS　说-COND

aliya   goida-ra   gese   o-ci   aliya-ci

等待.IMP　久-PRS.PART　似的　成为-COND　等待-COND

ojo-ra-kū   we   dalaha   niyalma-de bu-fi   jio   se-he.

可以-PRS-NEG　谁　首　　人-DAT　给-SEQ　来.IMP　说-PAST

上曰："在旬日半月内归者，则待之，如迟则不必待。谁为首之，
即交为首之人而来。"（《亲征平定朔漠方略》）

b. dergi-ci   tokto-bu-re-be   ginggule-me   aliya-ki.
　 上-ABL   决定-CAUS-PRS. NMLZ-ACC   谨-SIM   等-OPT
　 恭候钦定。(《满语语法》)

5. 原因

离格 -ci 表示原因意义，来源于其表示"源点"的原型意义。

(1 – 18)

kice-ra-kū-ci   banjina-ha-ngge.
勤-PRS-NEG. NMLZ-ABL   生-PAST-NMLZ
由于不勤也。(《满语语法》)

6. 时间

离格 -ci 表示时间意义，也源于其表示"源点"的原型意义。

(1 – 19)

bi   ajigan-ci   banin   yadalinggū   beye   nimekungge.
1SG   幼-ABL   性   弱   身体   病的
我从小天资庸弱，身体多病。(《异域录》)

1.1.2.4 经格

经格标记为 -deri，原型语义功能为"经由"，表示经由或沿着某物的移动路径，以及经由的时间或空间意义，并由"经由"意义扩展出工具、比较等语义功能。因此，与离格相似，经格也标记比较基准项，在差比句中表示比较关系。

1. 经由

经格 -deri 的原型意义表示经由或沿着某物的移动路径。

（1－20）

a. muke šeri-deri tuci-mbi edun sangga-deri dosi-mbi.

　　水　　泉-PRL　　出-PRS　　风　　孔-PRL　　　入-PRS

　　水由泉出，风由孔入。（《重刻清文虚字指南编》）

b. jaka-deri oilorgi muke sime-me dosi-mbi.

　　缝隙-PRL　　表面　　水　　渗-SIM　　入-PRS

　　表面的水从缝隙中渗进去。（《上谕八旗》）

c. ederi absi gene-mbi.

　　DEM. PROX-PRL　　哪里　　去-PRS

　　从这儿往哪里去？（《重刻清文虚字指南编》）

d. mederi-deri bira-de juwe-mbi.

　　海-PRL　　　河-DAT　　运-PRS

　　从海往河里运。（《重刻清文虚字指南编》）

e. niyalma gemu oforo-deri suk se-me inje-mbi.

　　人　　　都　　鼻子-PRL　　哼哼　AUX-SIM　　笑-PRS

　　人都从鼻子里笑。（《清文启蒙》）

2. 场所

经格 -deri 表示动作或状态到达的场所。

（1－21）

a. ere gisun-de mini jili uthai monggon-i da-deri o-ho.

　　这　话-DAT 1SG. GEN　生气立刻　脖子-GEN　根-PRL　成为-PAST

　　因为这句话，我的气一下子就到了脖颈儿上了。（《续编兼汉清文指要》）

b. boihon monggon-deri isinji-fi saliyan-i uju-i koika funce-hebi.

　　土　脖子-PRL　　至-SEQ　恰好-GEN 头-GEN　头皮 剩余-TAM

　　土已到脖子，恰好剩下个头皮了。（《一百条》）

3．比较

经格 -deri 在差比句中标记比较基准项，表示比较的基准。

（1–22）

deo　　　　eyun-deri　　　den.

弟弟　　　　姐姐-PRL　　　高。

弟弟比姐姐高。（《满汉大辞典》）

4．工具

经格 -deri 表示工具意义，由其原型意义"经由"扩展而来。

（1–23）

a. gurgu-be　　beri　　niru-deri　　wa-mbi.

　 兽-ACC　　弓　　箭-PRL　　　杀-PRS

　 用弓箭杀兽。

b. duin　jugūn-deri sasa　tuci-me　hūlha-be　hūdun　mukiye-buki

　 四　　路-PRL　齐　出-SIM　贼-ACC　速　　剿灭-CAUS-OPT

　 seme　　wesimbu-he.

　 COMP　奏-PAST

　 四路齐发，以期速为剿灭。奏入。（《平定金川方略》）

5．时间

经格 -deri 可以表示动作或行为等进行的时间及期间。

（1–24）

juwan-deri［十-PRL］"在上旬"

tofohon-deri［十五-PRL］"在中旬"

orin-deri［二十-PRL］"在下旬"

1.1.3　语义格之间的语义功能重合

本章 1.1.2 描写了满语语义格表示的语义功能多义性。[①] 满语的 4 个语义格所表示的语义功能可简要归纳如下：

属格表示领属关系和工具功能。当属格标记名词短语中的从属名词时，表示对事物的领有等各种限定语义关系；当属格标记独立词或主名词时，表示动作凭借的工具或方式及制作某物的材料。

与格表示述语与非核心论元的语义关系，表达的语义功能有受益者、工具、施事、场所、时间、比较基准、原因、依据、条件等。

离格标记状语时，表示时间上或空间上的起始点；标记动作发生的方向来源和动作趋向的目标，有时表示行为主体；在差比句中作为比较基准标记，其语义功能有来源、场所、工具、比较、经路等。

经格表示动作行为经过或经由的路径；表示动作行为发生的空间起点；表示动作行为主体；标记比较基准，表示事物的比较关系。

我们对比满语 4 个语义格表示的语义功能，如表 1-2 所示。

表 1-2　满语语义格的语义功能对照表

语义功能	与格 -de	离格 -ci	经格 -deri	属格 -i
场所	+	+	+	
存在	+	－	－	
方向	+	+	+	
终点	+	－	+	
源点	－	+	－	
工具	+			+

[①]　本书仅讨论满语语义格多义性的认知扩展过程，因此未对句法格进行描写。观察满语表层格的屈折格标记的形态句法和语义功能，句法格和其语法功能的对应也并不完全一致，有时主格不仅限于主语，主语未必是主格，宾语未必是宾格，宾格未必是宾语。

续表

语义功能	与格 -de	离格 -ci	经格 -deri	属格 -i
原因	+	+	−	+
比较	+	+	+	
经由	−	−	+	
时间	+	+	+	
目标	+	−		

注：表中符号"＋"表示具有该功能，"－"表示不具有该功能，空格表示不涉及该功能的对比（四个语义格的语义功能对比不涉及属格所表示的名词短语层面的名词性词和中心词之间的各种限定语义关系）。

通过表1－2，可清晰观察到满语表层格的多义性既体现在某一个格形式表示多功能语义之上，也体现在不同格形式之间具有重合的语义功能之处。例如：

a. 工具格功能可由与格 -de 和属格 -i 表示。

b. 原因格功能可由与格 -de、属格 -i 和离格-ci 表示。

c. 方向格功能可由与格 -de、离格 -ci 和经格 -deri 表示。

d. 比较格功能可由与格 -de、离格 -ci 和经格 -deri 表示。

e. 时间格功能可由与格 -de、离格 -ci 和经格 -deri 表示。

f. 场所格功能可由与格 -de、离格 -ci 和经格 -deri 表示。

可见，满语深层格与表层格之间不具有对应关系。某一个深层格可由多个表层格标记表示。某一个语义格具有多种语义功能，各个格所表示的语义功能之间具有重合性。但是，在表层语句表现上，难以预测采用哪种格形式和哪种格功能，例如在句（1－25）中，反映深层比较格的表层比较基准项究竟采用经格 -deri 抑或离格 -ci 标记，目前还无法预测。

(1 – 25)

a. deo   eyun-deri   den.

　　弟　　姐-PRL　　高

b. deo   eyun-ci   den.

　　弟　　姐-ABL　　高

　　弟弟比姐姐高。

　　本章 1.2 中，我们将尝试通过引入认知格概念，探讨满语语义格多义性的认知来源和扩展机制。

1.2　认知类型学的格概念

1.2.1　引入认知格概念

　　无论深层格还是表层格，格的多功能性都是格语法范畴研究值得关注的问题。以 Fillmore 为代表的格语法理论提出了深层格的概念，规定了格语法的功能意义应当基于反映外部世界的真理条件。在这个意义下，目标名词被赋予担当外部世界各种意义的范畴化的深层格标志，基于构成深层格要素的组合系统，规定了句中格标志具有同一性的释义关系。[①] 因此，深层格的规则无法解释一些诸如格的多义性等问题。

　　上述格问题的研究难点和格的语法运作实际操作，促使我们寻求更为适当的描写工具和分类方法。

　　从认知语言类型学的观点来看，格是认知的标志，表示构成事象的事项与事项的客观或主观的关系。与深层格不同，认知格规定目标名词被赋

---

① C. J. Fillmore, "The case for case", In E. Bach, R. T. Harms (Eds.), *Universals in linguistic theory*, New York: Holt, Rinehart, and Winston, 1968, pp. 1 – 88.

予范畴化后的格功能并不是唯一的。根据认知格的规定，格所标记的目标语句承担何种功能作用的意义解释具有相对性，根据解释其表现意义的主体视角，允许多种格意义解释以模糊的形式被投射出来。

根据 Fillmore 对深层格概念的规定，难以解释表层格的多义功能现象。而从认知格观点来分析，可将某个类别无法解释的格功能作用的特征作为原型格，将某一格类别与其他类别的格之间的功能意义，规定为形成渐变梯度的相对形式的概念，进而可以揭示表层格的多义性关联现象。

我们引入认知格的概念，规定满语格的功能是标记和反映构成事象的事项之间的客观关系，并从认知格的观点和方法阐释满语表层语义格的多义性问题。下文我们以满语语义格系统中表示语义功能最丰富的与格 -de 为代表，采用认知观点和原型理论，尝试阐释说明 -de 的多义性认知扩展机制，进而探讨满语语义格多义性的认知来源机制。

1.2.2　格的复合认知关联性

我们从 1.1.2 中得知，满语语义格表达的语义范畴具有多义性，且各个语义格之间的语义功能具有相似性。通过表 1 - 2 可知，满语表层格的多义性既体现在某一个格形式表达多功能语义上，也体现在不同格形式之间具有重合的语义功能上。

1.2.1 中我们引入了认知格的概念。在认知格的视角下，认知格系统是一个被认知主体投射的格系统，是被"复合认知模式"支配的"复合的""连贯的"整体概念。因此，各格之间具有认知关联性和认知连续性。

满语格系统所支配的格的复合性概念的认知关联性，如图 1 - 1 所示。①

---

① 制图参照山梨正明（1993）。参见仁田義雄編《日本語の格をめぐって》，くろしお出版社，第 48 页。笔者根据满语格的表层多义性特征，在其原图基础上，加入了状态格和时间格。

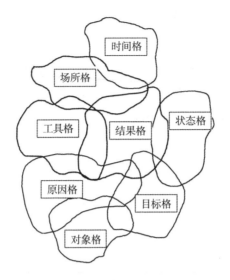

图 1 - 1　满语格的复合认知关联性

在人类大脑中，各种概念和意义并不是孤立存在的，而是具有认知的连贯性的。因此，人类大脑深层的格的各种意义之间同样具有认知的连贯性。表层格形式之间的语义交叉现象正是反映了大脑深层的格的认知关联性和认知连续性。根据格的复合认知关联性观点，可以解释表层格标记功能的形式多义性及功能形式无法预测的原因。

此外，满语语义格之间的功能重合与语义格的空间来源原型亦有关。满语语义格中，与格表示动作趋向目标场所；离格表示动作行为源点场所；经格表示动作路径场所：三个格在表达空间场所意义时具有语义功能的交叉。① 与格、离格、经格与空间方位相关，由空间向时间转喻引发的语义功能扩展导致三个格均可表示时间意义。

满 - 通古斯语言包括满语中的格，与近代印欧标准语所规范的语法范畴"格"的单一解释不同。若采用印欧诸语的"格"所承担的意义功能观点判断，满语格标记 -de 或为原因格，或为场所格，或为方向格。这类一对一的单一归纳和判断，无法说明和阐释满语格标记 -de 的多义功能原因，

_____

① 属格 -i 可以表示抽象层面上的场所意义。

各个格功能如原因格、工具格、场所格、方向格等之间的联系，以及格语义概念化扩展及其所基于的认知因素和认知动机等问题。

满语语义格所存在的复合多义现象，通过上述深层格及语法范畴的观点难以得到解释。因此，我们在 1.3 中将采用认知格多义性的观点和格的复合认知扩展图式模型阐释相关问题。

1.3　格多义性的认知扩展模式

格标记的多义性问题是探讨语言和认知关系的重要入口。在 1.1.3 中得知，满语语义格表示的语义范畴具有多义性，且各语义格之间语义功能具有重合性。满语与格表示的语义角色最为丰富，我们在 1.1.2 中描写归纳了满语与格表示述语与非核心论元的各种语义关系。与格的核心语义功能在于标记行为或情感的目标，与格所表达语义功能的语义角色有受益者、工具、施事、场所、时间，在比较结构中表示比较基准等。与格存在与其他语义格功能相似的现象，与格 -de 标记工具格功能与属格 -i 标记工具格功能相似，标记方向格功能和差比功能与离格 -ci 功能相似，等等。因此，我们以满语语义格系统中表示语义功能最为丰富的与格为代表进行相关问题的探讨。

满语格标记 -de 表达的意义功能可以细化归纳为：

    a.　受益者

    b.　目标/方向

    c.　被动

    d.　限定/确定

    e.　场所

    f.　工具/手段

    g.　原因/理由

    h.　时间

i. 状态/样态

j. 比较

k. 理由/结果

满语与格 -de 的上述多功能意义，通过格的多义扩展图式模型得以扩展，包括三个扩展模型：（1）由复合认知链接引发的扩展模式；（2）由隐喻链接引发的扩展模式；（3）由转喻链接引发的扩展模式。

1.3.1　复合认知链接引发的扩展模式

本章1.2.1中我们引入了格具有复合认知关联的概念，如图1-1所示，满语与格标记 -de 可以表示深层的场所格、目标格、原因格、工具格、对象格、时间格、状态格和结果格。

在认知格的视角下，各格具有认知连接性。某一格的多功能意义在大脑深层具有复合认知关联性。同理，某一格的多功能意义，在大脑深层相当于表达不同的格。因此，格的相似度高的多功能意义之间具有渐变性联系。下面我们以深层原因格和工具格为例，采用认知特征，分析格标记 -de 的工具性和原因性，利用渐变表，观察和解释工具格与原因格之间的关联性。

1.3.1.1　工具格和原因格的原型认知特征

首先，我们采用认知特征对格所标记的目标对象进行分析，以便获得工具格和原因格的原型和差异。①工具格和原因格涉及的对象物可采用5个

---

① 日本认知语言学家山梨正明研究日语格的问题时引入了"认知格"的观点，通过认知特征加以分析，观察到工具格和原因格之间存在渐变（gradience）的联系。为了将生成日语格"ni"涉及的多个"意义"统一说明，他使用渐变列表获取在工具和原因中间生成的语言事例，"工具格"及"原因格"的语法范畴位于列表上的扩展延长线位置上。本部分的分析参考这一研究思路和方法，采用认知特征对满语与格 -de 的工具性和原因性进行分析，利用渐变表来加以观察和说明。

认知特征进行认知分析，分别为：对象物是具象的；对象物能够脱离；对象物能够用手操作；对象物能够控制；对象物具有内在作用力。如表1－3所示：

表1－3　工具格和原因格对象物的认知特征

特征符号	特征描述
CONC（Concrete）	对象物是具象的
ALIEN（Alienable）	对象物能够脱离
MANIP（Manipulable）	对象物能够用手操作
CONTR（Controllable）	对象物能够控制
RESP（Responsible）	对象物具有内在作用力

采用以上5个认知特征分析格功能，工具格和原因格的原型功能如下：

A.　＜工具格原型＞

［＋CONC，＋ALIEN，＋MANIP，＋CONTR，－RESP］

（对象物是具象的；对象物能够脱离；对象物能够用手操作；对象物能够控制；对象物不具有内在作用力）

B.　＜原因格原型＞

［－CONC，－ALIEN，－MANIP，－CONTR，＋RESP］

（对象物不是具象的；对象物不能够脱离；对象物不能够用手操作；对象物不能够控制；对象物具有内在作用力）

满语与格 -de 的工具格意义包括动作或行为的方法、方式、手段等，原因格意义包括动作或状态的原因、依据、条件等。如例句（1－26）所示：

(1－26)

a. beri-de   aksa-ra   gasha asu-ci   šulhu-he   nimaha.

弓-DAT   惊吓-PRS. PART   鸟   网-ABL 漏-PAST. PART   鱼

惊弓之鸟，漏网之鱼。(《语文杂抄》)

b. emu   gala-de   mokšan   jafa-mbi.

一   手-DAT   哨棒   抓-PRS

一只手里提着哨棒。(《水浒传》)

c. juwan-be   sunja-de   dende-ci   juwe   baha-mbi.

十-ACC   五-DAT   分-COND   二   得到-PRS

十除以五得二。

d. u sung   nure   omi-ha   hūsun-de   munggan-be   tafa-ha.

武松   酒   喝-PAST. PART 力气-DAT   岗子-ACC   登-PAST

武松乘着酒兴，只管走上岗子来。(《水浒传》)

e. mini   ecike agu sini   balama-de   gele-me o-fi

1SG. GEN 叔   君 2SG. GEN 狂-DAT   怕-SIM   成为-SEQ

tuttu ekcin hutu ubaliya-fi golo-bu-ci   agu   si

故   厉   鬼   变-SEQ   吓-CAUS-COND   君 2SG

aššala-ra-kū.

动-PRS-NEG

阿叔畏君狂，故叱厉鬼以相吓，而君不动也。(《聊斋·青凤》)

f. ume   bayan-de akda-fi   yadahūn-be   fusihūša-ra ume

PROH   富-DAT   依靠-SEQ   贫-ACC   侮-PRS   PROH

wesihun-de erdu-fi fusihūn-be gidaša-ra.

贵-DAT   凌-ACC 贱-ACC   压-FUT

毋恃富以侮贫，毋挟贵以凌贱。(《圣谕广训》)

g. abka-i   kesi-de   geli   emu   se   nonggi-ha.

天-GEN   恩-DAT   又   一   岁   增-PAST

托赖老天爷又添一岁。(《清文启蒙》)

h. usihin-de   derbe-mbi.

潮-DAT   湿-PRS

因潮而湿。(《新满汉大词典》)

i. ere   inu   yuwan wai   hūturi-de   teni   muyahūn

DEM. PROX   也   员外   福-DAT   才   完全

icihiya-me   o-hobi.

办-SIM   成为-TAM

这也是托员外的福才得以成全。(《尼山萨满》)

j. ere   gisun-de   mini   jili   uthai   monggon-i   da-deri

DEM. PROX 话-DAT   1SG. GEN 气   立刻   脖-GEN   头-PRL

o-ho.

成为-PAST

因为这句话，我的气一下子就到了脖颈儿上了。(《续编兼汉清文

指要》)

k. majige   gūnin   isina-ha-kū-de   jakjahūn-i   wacihiya-me

稍微   心   到达-PAST-NEG-DAT   裂开的-GEN 完结-SIM

gakara-habi.

裂-TAM

因为没有管理周到，都散了架似的裂开了。(《满汉成语对待》)

　　我们采用工具格和原因格对象物的 5 个认知特征分析例句 (1－26)。
句 a 中的与格对象物 beri "弓箭" 采用认知特征分析为［＋CONC，
＋ALIEN，＋MANIP，＋CONTR，－RESP］，是典型的工具格原型功能。
句 k 中的与格对象物 gūnin isinahakū "未用心" 采用认知特征分析为
［－CONC，－ALIEN，－MANIP，－CONTR，＋RESP］，是典型的原因格
原型功能。d、e、f 等句的与格对象物采用认知特征分析，表示的功能介
于工具格原型和原因格原型功能之间。可以观察到，从句 a 至句 k，与格
-de 表示的工具性逐渐减弱，原因性逐渐增强。可见，与格表示工具格和

原因格功能之间的差别并非是完全割裂的，而是存在从工具性到原因性的渐变，即"工具性—原因性"。

1.3.1.2　工具格和原因格的认知渐变表

下面我们利用渐变表对与格 -de 的语义功能加以观察和解释。在渐变表 1-4 中，"工具格"及"原因格"语法范畴位于列表的扩展延长线位置上。我们通过渐变列表获取处于工具格和原因格中间的语言实例。

表 1-4　工具格和原因格渐变表（与格 -de）

工具性—原因性渐变过程	
工具格 ↑　↓ 原因格	1. beri-de aksara gasha. 　用弓箭吓鸟。 　　　　↑ 2. emu gala-de mokšan jafambi. 　一只手里提着哨棒。 　　　　↑ 3. angga-de hūlambi. 　用口念。 　　　　↓ 4. u sung nure omiha hūsun-de munggan be tafaha. 　武松乘着酒兴，只管走上岗子来。 　　　　↓ 5. ere gisun-de mini jili uthai monggon-i da deri oho. 　因为这句话，我的气一下子就到了脖颈儿上了。

在表 1-4 中，句 1 中的与格对象物 beri "弓箭"采用认知特征分析为 [+CONC，+ALIEN，+MANIP，+CONTR，-RESP]，是典型的工具格原型功能。句 5 中的与格对象物 ere gisun "这句话"采用认知特征分析为 [-CONC，-ALIEN，-MANIP，-CONTR，+RESP]，是典型的原因格原型功能。句 2、3、4 中的与格对象物采用认知特征分析处于工具格和原

因格原型功能的中间位置，是从工具格向原因格认知特征渐变性发展的语言实例。

工具格和原因格的渐变过程同样适用于满语属格标记 -i 所表示的工具、原因语义功能的变化过程。满语属格 -i 表示工具格和原因格的实例如例句（1－27）所示：

（1－27）

a. hanci-ngge-be   gala-i   ici   dabcilakū   seleme-i   asihiya-ki.
   近-NMLZ-ACC   手-GEN   向   匕首   短刀-GEN劈-OPT
   近的顺手把戒刀钞。（《满汉西厢记》）

b. gulhun moo-i   ara-ha   taktu boo ududu tanggū giyan bi.
   整   木-GEN   造-PAST. PART   楼   房 数 百   间   有
   用整木造的楼房有数百间。（《异域录》）

c. suwe gemu morin-ci ebu-fi yafahala-fi gabta-ha   sirdan-be
   2PL   都   马-ABL   下-SEQ 步行-SEQ   射-PAST. PART 箭-ACC

   bai-re   ara-me   beri igen-i   nimanggi-be fete-me
   求-PRS. NMLZ 作-SIM 箭 弓梢-GEN 雪-ACC   刨-SIM

   morin-be   yarhūda-me elhe-i   gene.
   马-ACC   引-SIM   缓慢-GEN 去. IMP
   你们可以下马，装作用弓梢拂雪，作拾箭的样子，徐徐引马而退。
   （《满洲实录》）

d. oforo-i   wa   gai-mbi.
   鼻-GEN   味   闻-PRS
   用鼻子闻。

e. dai dzung gung sun šeng-be   arga-i   gaji-ha   lii kui
   戴   宗   公孙胜-ACC   计谋-GEN   取-PAST   李逵

   lo jen žin-be   suhe-i   saci-ha.
   罗真人-GEN   斧-GEN   劈-PAST

戴宗智取公孙胜，李逵斧劈罗真人。(《水浒传》)

f. niyalma-be　<u>cira-i</u>　tuwa-ci　ojo-ra-kū　mederi　muke-be

　 人-ACC　　颜-GEN　看-ABL　可-PRS-NEG　海　　水-ACC

　 <u>hiyase-i</u>　miyali-ci　ojo-rakū.

　 斗-GEN　　量-COND　可-PRS-NEG

人不可貌相，海水不可斗量。(《清文启蒙》)

从例句（1-27）中可以观察到属格标记 -i 从工具性到原因性的渐变，句 e 和句 f 介于工具性和原因性之间。满语属格标记 -i 并未完全发展到原因格的功能阶段。

表 1-5　工具格和原因格渐变表（属格 -i）

工具性—原因性渐变过程	
工具格 ↑ 原因格	1. dabcilakū seleme-i asihiyaki. 　用刀劈。 　　↑ 2. gulhun moo-i araha taktu boo ududu tanggū giyan bi. 　用整木造的楼房有数百间。 　　↑ 3. oforo-i wa gaimbi. 　用鼻子闻。 　　↓ 4. gung sun šeng be arga-i gajiha. 　智取公孙胜。 　　↓ 5. niyalma be cira-i tuwaci ojorakū. 　人不可貌相。

以上分析表明，与格 -de 和属格 -i 具有的工具性和原因性意义是同质的，这是由于满语的格是对事象进行解释的概念化标志，在语义扩展中生成概念的范畴化，概念化主体所感知到最显著而突出的是事象的状态特

征，概念化正是从解释构成事象的"事项"与"事项"之间的"客观"关系中得以成立的。

满语格标记 -de 不仅在工具格和原因格功能上具有渐变性，在表示被动功能时，同样可以采用表 1-3 所示认知特征进行渐变过程分析。采用上述 5 个认知特征分析格功能，工具格和原因格与被动格的原型功能如下：

A. <工具格原型>

[+CONC, +ALIEN, +MANIP, +CONTR, -RESP]

（对象物是具象的；对象物能够脱离；对象物能够用手操作；对象物能够控制；对象物不具有内在作用力）

B. <原因格原型>

[-CONC, -ALIEN, -MANIP, -CONTR, +RESP]

（对象物不是具象的；对象物不能够脱离；对象物不能够用手操作；对象物不能够控制；对象物具有内在作用力）

C. <被动格原型>

[+CONC, -ALIEN, -MANIP, -CONTR, +RESP]

（对象物是具象的；对象物不能够脱离；对象物不能够用手操作；对象物不能够控制；对象物具有内在作用力）

比较上述三种格的原型功能，"对象物是否具有具象性"是链接被动格与工具格、被动格与原因格的认知特征。被动格与工具格相比，仅具有一项相同的认知特征"对象物是具象的"[+CONC]；被动格与原因格相比，仅区别于认知特征"对象物是否具有具象性"，即被动格为"对象物是具象的"[+CONC]，原因格为"对象物不是具象的"[-CONC]。可见，与格的语义功能还存在从工具性到被动性的渐变，以及从原因性到被动性的渐变。如图 1-2 所示：

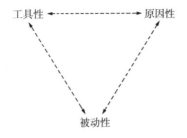

图1-2　与格的被动、工具和原因功能的渐变性

满语 -de 作为与格标记所表示的语义功能如前所述，具有 a. 受益者，b. 目标/方向，c. 被动，d. 限定/确定，e. 场所，f. 工具/手段，g. 原因/理由，h. 时间，i. 状态/样态，j. 比较，k. 理由/结果等多种意义解释。这是我们基于格是表达"客观性"关系的意义功能的观点所归纳的。若采用表层客观功能意义的观点，从格所表示的功能对格意义加以归类，只能增加关于格名称或格分类等观点的数量。而从认知事象特征视角解释格的多义功能，则较能符合格的系统性和人类认知的连贯性。

1.3.2　隐喻链接引发的扩展模式

人类认知概念整合手段主要有概念隐喻和转喻。Lakoff 和 Johnson（1980）指出："隐喻无处不在，在我们的语言中、思想中。其实，我们人类的概念系统就是建立在隐喻之上的。"[1]

多义性是日常语言的重要特征之一，格的意义解释与多义性的问题相关。在某一个格标记与多个意义相关的情况下，这些意义之间并不是一定具有语义的关联性，而是用某一概念表示另一个相似的概念，从一个概念认知范畴投射到另一个相似的概念认知范畴而已。这就是隐喻认知整合手段的作用。满语语义格的多语义之间，介入从"具象性意义"领域向"抽

---

① G. Lakoff, M. Johnson, *Metaphors we live by*, Chicago：The University of Chicago Press, 1980：p. 3.

象性意义"领域发生扩展，进而引发格的多义性现象较为常见。例如：

（1 – 28）

a. alin   tokso-de

   山   村-DAT

   "在山村"

   hūda-i   ba-de

   市-GEN   地方-DAT

   "在市场"

b. we-i   niru-de

   谁-GEN   牛录-DAT

   "在某牛录"

c. dolo-de

   心-DAT

   "在心中"

在（1 – 28）中与格标记 -de 根据其标记的名词意义不同，可分类为格形式的不同用法。与与格 -de 共现的目标名词具有不同抽象程度的差异，但均与场所相关。

   a. 作为具象的空间的场所（physical）。

   b. 作为社会的空间的场所（social）。

   c. 作为心理的空间的场所（psychological）。

在（1 – 28）中 -de 所表示的场所抽象程度不同，从 a 向 c 发生了比喻性意义的扩展过程。由于均使用与格 -de 来标记（1 – 28）a ~ c 的不同抽象程度的语言事实，遂（1 – 28）呈现出 -de 的不同功能的解释。-de 的这种多义性来源于发生了从"具象性意义"领域向"抽象性意义"领域的比喻性意义扩展过程。如例句（1－29）所示：

（1－29）

a. <u>minde</u>　　　bithe　bi.

　　1SG. DAT　书　有

　　我有书。(《满语语法》)

b. etuku adu uju-i　　miyamihan ilha sifikū menggun jiha-be　bosela-me

　　衣　服 首-GEN 饰　　花簪　银　　钱-ACC 包-SIM

　　<u>beye-de</u>　　asha-fi.

　　身体-DAT　佩戴-SEQ

　　将衣服、首饰、花簪、银钱打包带在身边。(《金瓶梅》)

c. sikse dobori absi　beikuwen amu <u>tolgin-de</u>　beye-hei　gete-he.

　　昨　夜　多么 冷　　睡　梦-DAT　冻-CVB　醒-PAST

　　昨夜多冷啊，（我）在睡梦中冻醒了。(《一百条》)

　　例句（1－29）中与格 -de 标记了由具象的场所或空间的场所向抽象的场所发生扩展的领域。其中，例句（1－29）a 中的 minde "我" 为人类主体；句 b 中的 beye "身边、自己" 为人类自体客体化的具象；句 c 中 tolgin "梦" 为主观获取的事象。由此可见，随着发生关联空间名词的抽象程度的依次升高，-de 的语义也经过隐喻链接获得了意义的扩展。

　　从 "具象性意义" 领域向 "抽象性意义" 领域的比喻性意义的扩展过程，其典型事例是由空间领域向时间领域的扩展，如例句（1－30）所示，与格 -de 可以标记时间意义，在例句（1－30）a、b 中标记具体时间，在例句（1－30）c 中标记非具体时间。

（1－30）

a. tere　<u>sunja　erin-de</u>　bithe　hula-mbi.

　　3SG　五　点-DAT　书　　读-PRS

他五点钟读书。（《满语语法》）

b. oros   elcin   ishun aniya-i juwe biya-de teni kuren-de

俄罗斯 使节   来年-GEN   二   月-DAT 才 库伦-DAT

isina-mbi.

到达-PRS

俄罗斯使节于来年二月份方抵达库伦。（《嘉庆朝·满文月折档》）

c. meni   jerginge   o-ci   banji-ha   tuktan-de

1PL. GEN   等   AUX-COND 出生-PAST. PART 初-DAT

ama eme gemu ehe ganio seme makta-me waliya-ha-ngge

父   母 都   坏   怪   COMP 抛弃-SIM 弃-PAST-NMLZ

kejine bi.

许多   有

作为我等这些，刚出生，父母就因为我们怪陋往往丢弃（不养活）。（《择翻聊斋志异》）

例句（1-29）和（1-30）是与格从空间向时间扩展的典型实例。例句（1-29）中与格标记由具体向抽象扩展的空间场所意义；例句（1-30）中与格标记具体时间向抽象时间扩展的时间意义。标记空间场所意义的格形式同时用于标记时间意义，是经由转喻机制引发 -de 的语义功能由空间向时间领域的扩展，进而导致 -de 从标记空间领域向标记时间领域的扩展。

隐喻链接扩展模式引发了与格 -de 的意义扩展：从"具象性意义"领域向"抽象性意义"领域的隐喻意义扩展过程所引发的语义扩展，导致与格 -de 生成多功能意义。类似的隐喻意义引发的格意义扩展，也可以在满语属格、离格中发现，可见，意义领域的隐喻扩展可以解释语义格的多义性扩展过程。

1.3.3 转喻链接引发的扩展模式

在日常语言中，不是所有的意义都须经过语言的编码化，而是经常以所要表达内容的一部分作为焦点，对该焦点部分进行编码和表达，其他部分则根据上下文和背景知识由大脑自动加以补充。采用一个概念指称另一个相关概念时，两个相关认知范畴之间的"过渡"链接就是转喻链接机制。

转喻链接机制可以引发满语格的多功能意义扩展。如例句（1 - 31）（1 - 32）（1 - 33）所示，满语格标记 -de 在表示场所意义时，经常省略 ninggu "上面"、dolo "里面"、ba "地方" 等具体的语言成分，省略的意义由大脑根据上下文和背景知识自动补充。

（1 - 31）

a. sanyan subargan-i alin-de   temgetu poo sunja sinda-habi.

   白   塔-GEN   山-DAT 标志 炮 五   设-TAM

b. sanyan subargan-i alin（-i ninggu）-de   temgetu poo sunja

   白   塔-GEN   山（-GEN 上面）-DAT   标志 炮 五

   sinda-habi.

   设-TAM

   白塔山设信炮五位。（《白塔信炮章程》）

（1 - 32）

a. boo-de   niyalma   akū.

   房子-DAT   人   无

b. boo（-i dolo）-de   niyalma akū.

   房子（-GEN 里面）-DAT   人   无

   房子里没有人。（《满语语法》）

(1 –33)

a. minde   bithe   bi.

   1SG. DAT   书   有

b. mini（ba）-de   bithe   bi.

   1SG. GEN（地方）-DAT 书   有

   我有书。（《满语语法》）

在类似上面例子的表现方式中，满语在指代场所、空间或时间意义的特定部分时，仅仅用"N-de"的表现形式是难以预测 -de 所表示的意义的。例如（1 –34）中的 -de 标记在从句后表示动作进行或状态存在的时机，顺接从句和主句，这时，该功能的意义无法直接预测，必须经由转喻链接模式通过"补充性"和"完形心理"功能才能扩展出来。

(1 –34)

a. mini   dosi-ka-de   momohon-i   gemu   soksohori

   1SG. GEN   入-PAST. NMLZ-DAT   静悄悄-GEN   都   泰然

   te-ce-hebi.

   坐-VOC-TAM

b. mini   dosi-ka（fon）-de   momohon-i   gemu

   1SG. GEN   入-PAST. NMLZ（时候）-DAT 静悄悄-GEN   都

   soksohori   te-ce-hebi.

   泰然   坐-VOC-TAM

   我进去时，众人都静悄悄地坐着呢。（《满汉成语对待》）

我们对场所和空间特定位置的理解，一般由共同表现事象的述语意义相对决定，可以通过与表现事象共同作用的述语意义的关联性得到预测。这类意义的完形补充，经常与句中后续的述语意义发生关联，格与述语意义共同导致格功能意义的多义性。例如（1 –31）中 -de 表示动作归落点的意义，该多义性的扩展既由"场所"意义扩展而来，同时也由后续的述语 sinda-"放置"的词意义与格意义共同产生。而在（1-32）中，-de 表示存在场所，被省略的"i dolo"则是通过格标记 -de"补充"完成并显示出其表示"存在场所"的语义的。

综上可知，某些无法预测的与格 -de 的功能意义，由转喻链接模式通过"补充性"和"完形心理"功能扩展而来。转喻链接扩展模式在满语属格 -i 的多义性扩展中发挥相同的作用，属格的工具格意义亦可通过与表现事象共同作用的述语意义的关联性得到预测。可见，转喻链接扩展模式是满语格多义性扩展的普遍机制。

1.3.4 满语格的认知扩展过程

我们在 1.3.1、1.3.2、1.3.3 中以满语与格 -de 的多义性扩展为中心，分别归纳了格的 3 种认知扩展模式，见表 1-6。在格的多义性认知扩展过程中，复合认知链接引发的扩展、隐喻链接引发的扩展、转喻链接引发的扩展这三者共同发挥作用，互为补充。扩展过程根据复合认知关联性可以确定原型认知事象，再由隐喻和转喻机制进行"补充完形性""类像性"等认知方式的意义扩展。

表 1-6　格语义扩展图式模型

	复合认知链接引发的扩展
格的复合扩展图式	隐喻链接引发的扩展
	转喻链接引发的扩展

本章 1.2.2 中指出满语语义格来源与空间场所相关。当人类用"场所"感知事象样态特征时，其表象呈现出人类的认知主观解释。格的解释与隐喻、转喻的认知心理过程密切相关，可以通过意义与认知过程的关联得以相对性把握。格作为客观关系的标志，在表示事象发生的样态特性

时，其意义功能分析相当于与格标记 -de 的从 a. 受益者到 k. 理由/结果等多种解释。格作为认知标志，与表现事项之间客观关系的语法范畴的"格"概念不同，认知标志通过人类认知过程，其语法化意义得以扩展，其意义扩展过程与心理认知过程密切相关。

综上所述，我们认为格的认知本质是，格所表示的是构成事象的事项与事项之间的客观关系，同时，格的认知过程是人类基于"客观"事项进行主观性的认知设想。脱离人类的主观认知，我们将难以把握满语格系统的多功能意义的逻辑扩展方式。

第 2 章

满语数范畴认知过程建构

满语名词和代词具有数范畴，附加后缀是满语表达数范畴的核心标记手段。满语仅给名词短语的次类有生名词中的指人名词和少量动物名词及个别非有生名词附加数标记。有生性在满语数的语法形态范畴中起到重要的制约作用，其本质是人类认知范畴的概念化。本章探讨有生性对满语数标记语法化程度的限制作用，重建满语数范畴的认知过程。

2.1 数范畴的认知来源

本节通过分析满语数的标记区域和满语复数词缀接加条件，重建满族早期原始先民对"数"的认知过程。观察对比满语分配数词的具体语境，探讨复数词缀与分配数词词缀相同形态的思维来源方式。

2.1.1 从满语复数词缀接加情况重建满族先民思维的认知过程

2.1.1.1 复数词缀的接加条件

满语表示复数意义的词缀有 -sa／-se／-si／-so／-su、-ta／-te、-ri、-nar，复数词缀的接加条件有一定的规律和少数的例外。

（1）-sa／-se／-si／-so／-su

这一系列的复数词缀大多接加在表示社会关系称谓的非亲属称谓指人名词之后。满语元音和谐属于由 RTR 和谐和圆唇和谐构成的通古斯式复合和谐系统。①根据 RTR 和谐特征②，-sa 接加在低后展唇元音占优势地位的指人名词之后；-se 接加在央元音占优势地位的指人名词之后。根据圆唇和谐特征，-so 接加在低后圆唇元音占优势地位的表示民族名称、族群名称的名词之后。接加的名词以元音结尾，或以辅音 n 结尾时，n 脱落的情况较多。

（2-1）

-sa 附加在指人名词之后：

šabi "弟子"	šabi-sa "弟子等"
hiya "侍卫"	hiya-sa "侍卫等"
antaha "客人"	antaha-sa "客人们"

-sa 附加在表示人的属性、民族名称的形容词之后：

sakda "老的"	sakda-sa "老人等"
mergen "贤的"	merge-se "智者等"
manju "满洲的"	manju-sa "满洲人等"

-sa 附加在官职名称、爵位名称之后，一般分开书写；附加在以 ng 结尾的汉语借词之后，可与其分开书写：

aisilame kadalara da "副将"	aisilame kadalara da-sa "副将等"
wang "王"	wang-sa "王等"
han "汗"	han-sa "汗等"

---

① 参见李兵：《阿尔泰语言元音和谐研究》，商务印书馆 2013 年版，第 242 页。
② RTR 和谐特征之一为同一词内 a 与 ə 不能同现。

（2－2）

-se 附加在指人名词之后：

gucu "朋友"   gucu-se "朋友们"

irgen "民"   irge-se "民等"（n 脱落）

beile "贝勒"   bei-se "贝勒们"①（le 脱落）

-se 附加在汉语、蒙古语等外来语的官职名称及人名之后，与其分开
书写：

jiyanggiyūn "将军"   jiyanggiyūn-se "将军等"

turgūt "土尔扈特"   turgūt-se "土尔扈特人"

lama gewa "喇嘛"   lama gewa-se "喇嘛等"

-se 附加在人名之后，一般分开书写：

aliha bithei da gung amban fuheng se   "大学士、公、傅恒等"

aha fusen sunggari se   "奴才傅森、松阿里等"②

复数词缀 -se 附加在人名之后，一般分开书写，是一种独立使用的形
式，复数意义不明显，多接在最后一个词后表达类举。这种场合的使用实
质上起到总括词作用，即 aha fusen，sunggari-se 表示"奴才傅森、松阿里
等人"；aliha bithei da，gung，amban fuheng-se 表示"大学士、公、傅恒等
人"。此外，-se 有时与前接词词根结合紧密，固化为独立词形式。如 urse
"人们"③。

---

①　早期满语中，beise 是 beile 的复数形式，之后演变为具有独立词意义的 beise "贝勒"一
词。参见季永海、刘景宪、屈六生：《满语语法》，民族出版社 1986 年版，第 113 页。

②　例词来自季永海、刘景宪、屈六生：《满语语法》，民族出版社 1986 年版，第 113 页。

③　比较 urse "人们"与 urge "纸人"的结构，ur-为表达"人"语义的词根，-se 为表达
"们"语义的词缀，故认为 urse 中的 -se 是复数词缀。

（2－3）

-si 不受元音和谐规则限制，表达复数之外兼具构词意义。

haha "男人" haha-si "男人们"

hehe "女人" hehe-si "女人们"

aha "奴仆" aha-si "奴仆们"

omolo "孙子" omo-si "孙子们"

hojihon "女婿" hojiho-si "女婿们"

ajigen "幼童" ajige-si "幼童们"

（2－4）

-so 附加在民族名称、族群名称的名词之后：

monggo "蒙古" monggo-so "蒙古人等"

solho "朝鲜" solho-so "朝鲜人等"

gioro "觉罗" gioro-so "觉罗们"

（2－5）

-su 与前接词紧密结合，固化为独立词中的语素不可再分：

dasu "儿子们"

elbesu "憨人"

bolhosu "三代的奴仆，三辈奴"

（2）-ta／-te

这一系列的复数词缀大多接加在亲属称谓的指人名词之后。根据满语元音和谐的 RTR 和谐特征，-ta 接加在低后展唇元音占优势地位的指人名词之后，-te 接加在央元音占优势地位的指人名词之后。接加的名词以元音结尾或以辅音 n 结尾时，n 脱落的情况较多。

（2－6）

-ta

amji "伯父"   amji-ta "伯父等"

amu "伯母"   amu-ta "伯母等"

ambu "大姨母"   ambu-ta "大姨母等"

（2－7）

-te

eme "母亲"   eme-te "母亲们"

ge "大伯"   ge-te "大伯们"

uhume "婶母"   uhume-te "婶母们"

（3）-ri 和-nar

-ri 仅用于特定指人名词之后，形式已经固化：

（2－8）

-ri

mafa "祖辈"   mafa-ri "祖辈们"

mama "祖母"   mama-ri "祖母们"

-nar 或借自蒙古语，仅见于个别名词，不具备能产性：

（2－9）

-nar

šabi "弟子"   šabi-nar "弟子们"

以上是各个复数词缀普遍接续的条件，它们在使用频率上存在差别：首先是词缀 -sa、-se 的使用频率较高；其次是词缀 -ta、-te；而词缀 -si、

-so、-su、-ri、-nar 只见于固定的某些词和一定的语音环境中。① 通过各个词缀的使用频率，亦可观察出词缀表达语法意义的变化：使用频率高的词缀表达复数意义的语法功能加强，使用频率低的词缀表达复数意义的语法功能减弱，但是构词意义增强。

2.1.1.2 复数词缀的接加条件产生的语言内部因素

分析复数词缀的接加条件差别所产生的语言内部原因，考虑音系和语义两方面的因素。

音系因素：满语的音系存在元音和谐的制约，属于词干控制型。接加复数词缀时，根据满语元音和谐的 RTR 和谐特征和圆唇和谐特征，带有 a 元音的词缀接加在低后展唇元音优势的词干上，带有 ə 元音的词缀接加在央元音优势的词干上，带有 ɔ 元音的词缀接加在低后圆唇元音优势的词干上。满语元音和谐规律作用在复数词缀的接加上，表现为 -sa／-se／-so、-ta／-te 接加在语音相互适应的名词词干之后。

语义因素：对于某一个具体的名词，绝大多数的场合只能接加一个复数词缀，但是 -sa、-ta 词缀均可接加在低后展唇元音优势的词干上，-se、-te词缀均可接加在央元音优势的词干上，-si、-ri 等词缀的中性元音具有可透性，无须按照上述元音和谐进行接加，那么究竟该接加词缀的何者，则需要考虑语义的因素。从目标名词语义观察，选择接加 -ta／-te 词缀的名词大多为表示亲属称谓的指人名词，表示泛指的社会关系的非亲属称谓的指人名词接加的复数词缀则多为 -sa、-se 词缀。下面通过一组称谓相同而语义内涵实质上不同的例子可以进一步证明这一观点。其例如下②：

① 哈斯巴特尔：《阿尔泰语系语言文化比较研究》，民族出版社 2006 年版，第 30 页。
② 刘景宪、赵阿平、吴宝柱等：《关于满语名词复数的研究》，载《民族语文》1993 年第 4 期，第 23 ~ 24，66 页。

（2－10）

亲属称谓	非亲属称谓	
ahū-ta	age-se	"哥哥们"
eshe-te	ecike-se	"叔叔们"
eyu-te	gege-se	"姐姐们"

可以看出，亲属称谓的 ahūn "哥哥" 等词标记复数词缀 -ta/-te，社会关系称谓的 age "阿哥" 等词标记复数词缀 -sa/-se。当然存在个别例外情况，如亲属称谓 deo "弟弟" 接加 -te、-se 均可。

从音系和语义角度进行分析，可以观察到显而易见的表层语言事实。满语复数词缀的接加条件及差异可以反映更深层次的语言与思维、语言与文化、语言与社会的关系。

历史语言学家梅耶指出：在形态方面，发生的事情并没有语音方面那么严格，形态是古代残迹的领域。有些可以用某个社会里人们的心理状态来解释的语法范畴，在这心理状态消失了之后许久还保存着。[①] 满语的数的范畴通过形态表现，即满语名词语法上的数的范畴，通过接加复数词缀来表示。复数词缀作为一种语法形态，如同印刻在化石上一般承载了原始先民古老的文化遗迹。下面从复数词缀的发展过程，挖掘重建满族先民对"数"的认知过程。

2.1.1.3　从复数词缀的发展过程看满族先民对"数"的认知过程

兰司铁在《阿尔泰语言学导论（形态学）》一书中指出，通古斯语的复数词缀是 -tan，-ten，……这个词尾也在满语中作为复数后缀以 -ta、-te 的形式出现，而且 -te < *-ten 可能还是比较古老的变体。有的学者在此基础上继续研究并指出，*-tan、*-ten 词缀经过腭化演变，经过 -t > *-ts > *-s

---

① 梅耶：《历史语言学中的比较方法》，岑麒祥译，世界图书出版公司2008年版，第93页。

的方式发展为 *-san、*-sen，而后词尾辅音 n 直接脱落演变为 -sa、-se。①

上述研究结果表明 *-ta、*-te 是早期古老词缀的变体，-sa、-se 是由古老词缀发展而来的相对晚期的词缀。从接加名词的语义观察，早期古老词缀 -ta／-te 接加在亲属成员名词之后，较晚期词缀 -sa／-se 接加在亲属成员以外的名词之后。由此推断，满族先民首先在亲属成员中间产生了对于"数"的抽象认知。因此，表达亲属成员的复数意义时，接加当时处于早期发展阶段的词缀 *-ta、*-te。随着 *-tan、*-ten 词缀的腭化演变，经过 -t > *-ts > *-s 的方式发展为 *-san、*-sen，而后词末辅音 n 直接脱落演变为 -sa、-se。②这一演变阶段反映在语言的演变中，表现为 -sa／-se 词缀大多接加在非亲属关系的社会称谓词之后。由于 -sa、-se 还接加在 morin"马"、alin"山"等个别非指人事物后面，显示出满族先民正在逐渐将与满族群体发生密切关系的个别动物和非生物纳入"数"的认知领域。也就是说，满族先民对"数"的认知首先从日常生活中密切关联的亲属成员开始，逐步地扩大到非亲属成员，最后延伸到个别的动物和非生物。

通过以上满语现象的证据，我们可以做出如下的推测：在发展过程中，人类社会逐步认识到外界的事物，对"数"自然而然产生认知。假设人们产生了计"数"和认知"数"的需求，最先得以认知和应用的对象必然是与人类日常周围发生密切关系的人和事物，而后再逐渐扩展到其他相关的事物。我们知道，早期社会是以血缘为联系的群居集体，日常发生密切关联的人员均为亲属关系，因此首先对具有亲属关系的人员产生了认知"数"和表达"数"的需要。在表达复数意义时，接加了当时处于早期发展阶段的词缀 *-ta、*-te。随着人类社会的发展，原始人类交往区域扩大，对亲属以外的人员同样产生了"数"的认知需求。表达非亲属关系人员的"数"的概念时，接加的不再是早期阶段的 *-ta、*-te 词缀，而是接加经过了语音发展演变的 -sa、-se 词缀。随着认知的发展，对"数"的认知需求

---

① 哈斯巴特尔：《阿尔泰语系语言文化比较研究》，民族出版社 2006 年版，第 28 页。

② 哈斯巴特尔：《阿尔泰语系语言文化比较研究》，民族出版社 2006 年版，第 28 页。

增大，-sa、-se 词缀的使用范围也呈现出扩大到动物和非生物的发展趋势，这也表明了 -sa、-se 词缀的语法化程度正在加强，并有代替 -ta、-te 的发展趋势。即：

第一阶段：对关系密切的亲属成员产生"数"的认知需要（-ta、-te 发展阶段）→

第二阶段：对亲属成员以外的人员产生"数"的认知需要（-sa、-se 发展阶段）→

第三阶段：对少量与满族先民生活密切关联的动物和非生物产生"数"的认知需要（-sa、-se 语法化发展阶段）

可见，满语复数词缀的演变过程是人类认知"数"概念的范围扩大过程在语言中的反映。但是，词缀的发展过程和人类认知"数"的思维过程并非简单直线型的对应，因此语言中存在着某些特例情况。例如，满语存在非亲属称谓词不接词缀 -sa、-se 而接-ta、-te，或者亲属称谓词接加 -sa、-se 词缀，或者两者都可以接加等现象：

(2－11)

	-te	-se	
ejen"主人"	eje-te	eje-se*	"主人们"
jui"儿子"	ju-te*	ju-se	"儿子们"
deo"弟弟"	deo-te	deo-se	"弟弟们"

尽管如此，从满语复数词缀的演变过程中，可以大略观察出满族先民将"数"纳入认知领域的思维过程。

2.1.1.4 从 -sa/-se 与 -ta /-te 的接加区别看满族氏族组织的痕迹

满语亲属称谓的指人名词多接加复数词缀 -ta / -te，而表示泛指的非亲属称谓的指人名词多接加词缀 -sa/-se，上文我们提出词缀的演变过程或许间接导致了其接加的语义区别。我们继续研究发现，-sa／-se 与 -ta／-te 作为具有显著差异的语法形态，存在重要的区别性作用。

满族社会组织中具有亲属关系的人员一般同属于一个哈拉"hala"或莫昆"mukun"。因此，对词缀-ta／-te 和 -sa／-se 的接加区域可以做出如下划分：哈拉"hala"或莫昆"mukun"组织内部的人员，标记复数词缀 -ta/-te，哈拉"hala"或莫昆"mukun"组织外部的人员，标记复数词缀 -sa／-se。众所周知，早期原始社会是氏族社会。满族的哈拉或莫昆实质上相当于一个氏族群体。氏族社会是以相同的血缘关系结合的人类社会群体，因此氏族婚姻具有强制性的规定。即，禁止长辈与晚辈之间的通婚，排斥兄弟姐妹之间的婚配，甚至禁止与母方最远的旁系亲属的婚配。我们推测，亲属人员和非亲属人员接加 -ta／-te、-sa／-se 除了表达复数意义之外，也用来明晰族内人员和族外人员的区别，发挥了词缀的区别性功能。

史禄国在《满族的社会组织》中的研究指出了满族氏族群体的通婚禁忌。

满族氏族是这样一种群体，把它的成员联合在一起的既是那种大家源于一个男性祖先及其若干子孙的共同意识，也是对他们的血缘关系的承认；他们有共同的氏族神灵，并遵守一系列禁忌，其中最重要的禁忌是同一氏族的成员之间禁止婚媾，即必须实行族外婚制。[①]

这个亲属群体有时包括几百位成员，其亲属关系在确定每一个氏族成员所处的辈次和每个等级相对于其他的氏族成员的权利时具有关键作用。[②]

氏族的职事之一是使人们直接知晓其所有的氏族成员及其亲戚。为了达到这个目的，人们保持着编撰专门的家书和氏族谱牒的传统。[③]

氏族谱牒记录了亲属关系，并据此准确地界定了每一个人所处的位

---

① 史禄国：《满族的社会组织》，高丙中译，商务印书馆 1997 年版，第 23 页。
② 史禄国：《满族的社会组织》，高丙中译，商务印书馆 1997 年版，第 46 页。
③ 史禄国：《满族的社会组织》，高丙中译，商务印书馆 1997 年版，第 24 页。

置。当然，这是个新的体系，它的使用只有在满文字母创立之后才成为可能。在此之前，亲属关系并不曾用专门的谱牒记录下来，尽管大家都明白相互的亲属关系。①

根据人类学家的研究成果，满族早期的亲属关系可以通过族谱来记录标示，但是在文字创造之前如何加以区别标示呢？也许可以做出如下的推测：氏族的亲属体系庞大，在无文字的早期阶段，为了与非亲属相区别，便利的手段是通过语言标记来区分亲属与非亲属团体，且族外与族内之间的亲属区别也只有通过一定的语言标志实现。满语中的区别性语言标志极大可能是通过满语亲属与非亲属称谓附加不同复数词缀的方式实现的。词缀 -sa ／ -se、-ta ／ -te 区别性作用表现为：标记 -ta、-te 的亲属称谓词所表达的族群，属于同一哈拉即同一氏族内部的亲属关系，禁止相互婚配；标记 -ta、-te 的称谓词所表达的族群，与标记 -sa、-se 的族群不具有亲属关系，允许婚配。词缀上的分类"名称"在指明一类人属于某个氏族的亲属身份的同时，也指明了不属于某个氏族成员的非亲属身份，因此，可以使人们直观地知晓自己氏族内部的成员和亲戚。通过 -sa ／ -se、-ta ／ -te 的区别标示对族群进行划分的方法，或许是满族先民在早期某个阶段发明后，在无文字时期将这一体系作为确定亲属关系的方法使用的，而现在没有理由继续采用这个体系了，因为代替"-sa/-se、-ta/-te"所发挥的功能已由文字谱牒承担，因此，-sa ／ -se、-ta ／ -te 逐渐失去其原本具有的区别性意义，而专门用来表达复数意义。

2.1.1.5　从-si 的接加看满族先民的社会职能观

词缀 -si 表达复数之外兼具构词作用，接加词缀 -si 构成的复数形式名词较少，例如：

---

① 史禄国：《满族的社会组织》，高丙中译，商务印书馆 1997 年版，第 46 页。

（2 – 12）

haha-si "男人"	hehe-si "女人"
aha-si "奴仆"	omo-si "孙子"
hojiho-si "女婿"	ajige-si "幼童"

满语中以 -si 结尾的指人名词数量较多，如：

（2 – 13）

cam-si "搭彩匠"	alba-si "当差人"	bila-si "会唱的人"
namu-si "库丁"	usi-si "农民"	herge-si "儒士"
fulehu-si "施主"	jube-si "说书人"	mede-si "送信人"
maksi-si "跳舞人"	takūr-si "听差"	bak-si "学者"
jucule-si "演员"	feye-si "验尸人"	okto-si "医生"
butha-si "渔猎人"	yafa-si "园丁"	giltu-si "进士"

观察分析附加词缀 -si 的名词，可以归纳出这些词的语义表达"职业、特长"的职能意义。此外，以 -si 结尾的指人名词，常常表示具有某种职业特征的群体的概括性称呼，在实际使用中大多不再接加复数词缀。

比较接加 -si 词缀的词多为某种职业或具有某种特长的指人名词，haha-si "男人"、hehe-si "女人"、aha-si "奴仆"等词虽然作为名词复数形式，但是在功能和语法形态的表现上与职业名称的指人名词近似，更加接近表示职业特长、具有某种职能的人的概称。在需要表明其复数意义时，满语中倾向于使用 hehe urse "女人们"、haha juse "男孩们"的词汇手段，代替 hehe-si、haha-si 的词缀手段。可见，复数词缀 -si 与动词派生为表示"职业、特长"的指人名词的构词词缀 -si 具有同一性，这种联系之所以产生是文化机制发挥作用的缘故。在早期社会，男性的职能是社会主要劳动力，女性的职能是传宗接代，奴仆的职能是主人家里的杂役。它们与医生、园丁、邮差等身份相似，表达具有某种职能的一种"职业"。

分工明确的社会职能观反映在语言中，促使 haha "男人"、hehe "女人"、aha "奴仆" 等词在表达复数时接加表达职业特征意义的 -si 词缀的出现。可见，在满族先民的认知里，男人、女人的主要区别不在于性别，而在于职能。"孙子""女婿""幼童" 等同样具有相应的 "社会职能"，该民族的心理文化引发以上几个词在表示复数意义时接加具有 "职业、特长" 等关联意义的词缀 -si。

2.1.1.6　从 -ri 的接加看满族先民的祖先崇拜

接加 -ri 词缀表达复数意义的词有 mama "祖母"、mafa "祖父"，二词不按照元音和谐规律接加 -ta。根据学者研究成果，词缀 -ri 由另一个存在于较早期的词缀 *-li 演变而来。①该判断说明接加词缀 -ri 的 mama "祖母"、mafa "祖父" 二词亦存在于早期社会。如前所述，早期原始社会作为氏族社会，是以相同的血缘关系结合而成的人类社会群体，其群体成员出自一个共同的祖先，所有公共事务皆由氏族首领管理。mama "祖母"、mafa "祖父" 在氏族社会中处于首领地位，负责处理氏族内部的大小事务。mama "祖母"、mafa "祖父" 以一种类似神明的独有性姿态存在，其表达 "数" 的意义必然与普通的亲属称谓不同，因此接加早期词缀 -ri < *-li。从词缀 -ri 几乎不在其他词中表达复数意义的事实推测，其他普通人员都曾避讳使用这个词缀。根据词缀 -ri 还存在于 endu-ri "神"、mudu-ri "龙"、hūtu-ri "福"、muna-ri "奇果" 等词中的现象，有的学者提出词缀 -ri 带有 "神奇" 的色彩。mafa "祖父" 和 mama "祖母" 两个指人名词用 -ri 作为复数词缀，是满族敬重祖辈习俗在语言中的体现。②我们认为该观点可以借鉴。根据宗教学的研究成果，满族早期曾存在祖先崇拜。mafa "祖父"、mama "祖母" 二词所表达的事物在满语使用者心中处于被崇拜、被尊敬的地位，因而，它们被缀以区别于普通成员的带有 "神奇" 色彩的词

---

① 哈斯巴特尔：《阿尔泰语系语言文化比较研究》，民族出版社 2006 年版，第 29 页。

② 刘景宪、赵阿平、吴宝柱等：《关于满语名词复数的研究》，载《民族语文》1993 年第 4 期，第 23～24 页。

缀。满语 mafa "祖父"、mama "祖母" 接加词缀 -ri 或为祖先崇拜的投影，从中可以还原满族先民的祖先崇拜意识。

2.1.1.7 从 -nar 词缀看满族、蒙古族的交流接触

-nar 词缀为借自蒙古语的复数词缀。满族、蒙古族的文化交流源远流长，两个民族互相接触和交往，反映在语言中表现为词语的借贷。满语和蒙古语之间相互借词、贷词现象颇为多见，但是借入词缀的现象较为少见。只有在交流程度较深的两个民族语言之间才会发生词缀借贷的现象。满语借入蒙古语词缀 -nar 体现了满族、蒙古族两个民族交往程度在语言中的反映。

综上所述，复数词缀接加条件的产生有其必然原因；探求复数词缀接加条件的深层原因离不开相关学科的研究成果；历史、文化、宗教、思维等遗迹必定会在语言中留下可以追根溯源的蛛丝马迹。

2.1.2　复数词缀和分配数词词缀的同一性所反映的人类思维方式

满语基数词根据元音和谐规律接加附加成分 -ta ／ -te ／ -to 可以构成分配数词。分配数词附加成分 -ta ／ -te 与复数附加成分 -ta ／ -te 形态完全相同，两者之间关系问题值得探讨。下面我们通过观察具体语境中分配数词词缀的应用，与复数词缀进行比较，并结合人类原始思维认知对分配数词词缀与复数词缀的关系进行探讨。

2.1.2.1 分配数词词缀的接加条件

满语基数词根据元音和谐规律接加词缀 -ta ／ -te ／ -to 可以构成分配数词。

根据满语元音 RTR 和谐特征，词缀 -ta 接加在低后展唇元音占优势地位的基数词之后，词缀 -te 接加在央元音占优势地位的基数词之后；根据

圆唇和谐特征，-to 接加在圆唇元音占优势地位的基数词之后。例如：

（2－14）

-ta

ilan "三"   ila-ta "每三"

sunja "五"   sunja-ta "每五"

nadan "七"   nada-ta "每七"

（2－15）

-te

juwe "二"   juwe-te "每二"

uyun "九"   uyu-te "每九"

dehi "四十"   dehi-te "每四十"

（2－16）

-to

tofohon "十五"   tofoho-to "每十五"

2.1.2.2　分配数词词缀的意义分析

分配数词表示的语义，相当于汉语的"每几""各几"。下面我们在具体语境中观察分配数词词缀的应用和意义。

1．第一类句

（2－17）

a. faksi tome emu inenggi ila-ta　　fuwen　basa　munggun　<u>em-te</u>

　工匠 每 一 日　三- DIST 分　　工　钱　　　一-DIST

　ginggen　kunesun　ufa　nonggi-me　　baha-bu-ha.

　斤　　　口粮　　面　增-SIM　　　给-CAUS-PAST

　每一工匠每日增支三分工钱，一斤口粮。（《新满汉大词典》）

b. handi-i   sargan   sahar-i   sargan-de niyalma tome
   班迪-GEN 妻   萨哈尔-GEN 妻-DAT   人   每

   ila-ta   temen juwe-te uniyen juwe-te   geo geo gūsi-ta
   三-DIST   骆驼   二-DIST 乳牛   二-DIST   骒马   三十-DIST

   honin   bu-he.
   羊   给-PAST

   给班迪、萨哈尔之妻，每人骆驼三峰，乳牛两头，骒马两匹，羊
   三十只。（《新满汉大词典》）

c. niyalma tome   aca-ra-be   tuwa-me   boo uji-re
   人   每   应-PRS.NMLZ-ACC 看-SIM   家   养-PRS.PART

   menggun ila-ta   yan   baha-bu-ki.
   银   三-DIST 两   得-CAUS-OPT

   应酌量发给每人安家银三两。（《平定金川方略》）

d. emu   baksan-de   juwan-ta   tumen   cooha   banjibu-ha.
   一   队-DAT   十-DIST   万   兵   编-PAST

   每队各编十万（人）。（《三国志演义》）

e. emu niru-de   juwe-te wan ara-bu-fi   ori-ta   uksin-i
   一   牛录-DAT 二-DIST 梯   作-CAUS-SEQ 二十-DIST 甲-GEN

   cooha-be tuci-bu-fi   hecen-de afa-bu.
   兵-ACC   出-CAUS-SEQ   城-DAT   攻-CAUS.IMP

   每牛录各作二云梯，派甲兵二十名，以备攻城。（《择翻聊斋
   志异》）

f. geren amba-sa-de   em-te   jergi etuku šangna-ha.
   众   大臣-PL-DAT   一-DIST 等   衣   赏-PAST

   所有大臣每人赐衣一件。（《满洲实录》）

该组句中，分配对象用具有"每个、各个"等语义的 emu "一"、
tome "每"、geren "各"限定。例句（2－17）a 中每个工匠"faksi tome"

给三分工钱"ilata fuwen basa munggun"，其意义为：一个工匠三分钱，总共支出三分钱；如果是两个工匠，每个工匠给三分钱，总共支出六分钱，即"两份三分钱"；如果是三个工匠，总共支出九分钱，即"三份三分钱"。以三分工钱为一份，两份以上的，就需要接加 -ta／-te／-to。可用演绎的方法推知 ila-ta 表示数份"三"的意义。见表 2－1。

表 2－1　分配数词词缀演绎表（1）

	三分工钱	满语	一斤口粮	满语
一个工匠	一份	ilan	一份	emu
两个工匠	两份	ila-ta	两份	em-te
三个工匠	三份	ila-ta	三份	em-te
十个工匠	十份	ila-ta	十份	em-te
……	……	……	……	……
数个工匠	数份	ila-ta	数份	em-te
……	……	……	……	……
每个工匠	每份	ila-ta	每份	em-te

"每个工匠"在语义和逻辑上表达至少两个工匠，相应地，"每份"表达的数量为至少两份。两份以上的"三分工钱"和"一斤口粮"在满语中采用分配数词 ila-ta、em-te 表达，原型意义实质为数个"三"和"一"，表现了"复数"的概念意义。

例句（2－17）b 将"骆驼三峰""乳牛两头""骡马两匹""羊三十只"分别视作一个整体，将其作为一个单位，按照上述的方式依次类推，见表 2－2。可见，每份的 ila"三"、juwe"二"、gūsin"三十"均与表达两份以上的方式一致，ila-ta、juwe-te、gūsi-ta 表示复数的"三""二""三十"。

表2-2　分配数词词缀演绎表（2）

	骆驼三峰	满语表达	乳牛两头	满语表达	骒马两匹	满语表达	羊三十只	满语表达
一人	一份	ilan	一份	juwe	一份	juwe	一份	gūsin
两人	两份	ila-ta	两份	juwe-te	两份	juwe-te	两份	gūsi-ta
三人	三份	ila-ta	三份	juwe-te	三份	juwe-te	三份	gūsi-ta
十人	十份	ila-ta	十份	juwe-te	十份	juwe-te	十份	gūsi-ta
……	……	……	……	……	……	……	……	……
数人	数份	ila-ta	数份	juwe-te	数份	juwe-te	数份	gūsi-ta
……								……
每人	每份	ila-ta	每份	juwe-te	每份	juwe-te	每份	gūsi-ta

2. 第二类句

（2-18）

a. sychuwan golongge tesu ba-ci　　　jase tuci-re-de
　四川　　省的　　原 地方-ABL　边界 出-PRS. NMLZ-DAT

　jugūn dedun majige hanci o-fi　　　juwe-te cooha-de
　路　 驿站 稍微　近　AUX-SEQ　二-DIST 兵-DAT

　em-te　　morin baha-bu-mbi.
　一-DIST 马　　得-CAUS-PRS

四川省的（兵），从本地出边口，因程站稍近，每两个兵给一匹
马。（《平定金川方略》）

b. tanggū-ta　　cooha-de tesu kūwaran fulu haha-be gūsi-ta
　一百-DIST　兵-DAT 原本 营　　　余 男-ACC 三十-DIST

　gai-fi　gama-bu-fi　　　jase tuci-fi cooha-i agūra
　取-SEQ 带来-CAUS-SEQ　边界 出-SEQ 军-GEN 器具

　unu-re-de　　　　　　belhe-bu-ki.
　承担-PRS. NMLZ-DAT 备-CAUS-OPT

每一百兵，可随带本营余丁三十名，以准备出口负运军械。（《平定金川方略》）

该组句中，分配数词涉及的分配对象由分配数词词组构成。以例句（2-18）a 为例进行分析：每两个兵给一匹马，其意义为两个兵对应一匹马，将"两个兵"作为一个整体，即"两个兵"为一个单位，"一匹马"为一个单位，按照第一类句的方式依次分析类推，如表2-3所示：

表2-3 分配数词词缀演绎表（3）

两个兵	满语	一匹马	满语
一个单位	juwe	一个单位	emu
两个单位	juwe-te	两个单位	emu-te
三个单位	juwe-te	三个单位	emu-te
十个单位	juwe-te	十个单位	emu-te
……	……	……	……
数个单位	juwe-te	数个单位	emu-te
……	……	……	……
每个单位	juwe-te	每个单位	emu-te

每单位的"两个兵"和每单位的"一匹马"实际表示数个单位的"两个兵"和数个单位的"一匹马"，在满语中表现形式为在数词之后接加附加成分 -ta、-te、-to，实质上表示复数意义。

3. 第三类句

（2-19）

a. ere duin nofi-de morin gūsi-ta ihan ori-ta eihen
这 四 人-DAT 马 三十-DIST 牛 二十-DIST 驴

gūsi-ta temen juwe-te bu-he.
三十-DIST 骆驼 二-DIST 给-PAST

给这四人各三十四马，二十头牛，三十头驴，两峰骆驼。

b. orin ninggun baturu-de <u>em-te</u> temen <u>juwan-ta</u> morin

二十 六 勇士-DAT 一-DIST 骆驼 十-DIST 马

<u>juwan-ta</u> ihan <u>ori-ta</u> suje šangna-ha.

十-DIST 牛 二十-DIST 布 赏-PAST

赏赐二十六个勇士各一峰骆驼，十匹马，十头牛，二十匹布。

c. sihin-i fejile <u>juwe-te</u> dere mulan sinda-fi bi.

檐-GEN 下 二-DIST 桌 凳子 放-SEQ AUX

檐下设几、墩各二。（《择翻聊斋志异》）

该组句中，无明确表示"每个"的意义，分配的概念由数词体现，分析方式与第一类句和第二类句相同，在此不再逐句具体分析。

4. 第四类句

为使分配数词的复数意义更加清晰，我们在相同的句法和相似的语义环境下进行比较。

（2－20）

a. geren <u>amba-sa</u>-de <u>em-te</u> jergi etuku šangna-ha.

众 大臣-PL-DAT 一-DIST 等 衣 赏-PAST

所有大臣每人赐衣一件。（《满洲实录》）

b. <u>juwe-te</u> cooha-de <u>em-te</u> morin baha-bu-mbi.

二-DIST 兵-DAT 一-DIST 马 得-CAUS-PRS

每两个兵给一匹马。（《平定金川方略》）

例句（2－20）中，句 a 与句 b 句法结构基本相同，表达的意义相似，比较两句中的 geren amba-sa "众大臣" 与 juwe-te cooha "每两个兵"，amba-sa "大臣们" 中的词缀 -sa 显然是复数形式，由此类比分配数词 juwe-te "每二" 中的词缀 -te 原型功能亦表示复数意义。

在相同的句法条件下观察，分配数词词缀 -ta／-te／-to 的复数意义更加明确。反之，指人名词附加复数词缀之后亦具备"每个""各个"的分配语法意义。

（2 – 21）

deo-te	inenggidari	yasa	hada-hai	ša-me	tuwa-me	minde
兄弟-PL	每天	眼	盯-CVB	瞧-SIM	看-SIM	1SG. DAT

akda-fi	niyalma	o-ki	se-mbi-kai.
靠-SEQ	人	成为-OPT	AUX-TAM-INT

兄弟们天天眼巴巴地盯着我，希望能依靠我成人。（《一百条》）

例句（2 – 21）中 deo-te"弟弟们"表示的意义包含"每个弟弟"，即"每个弟弟都天天眼巴巴地盯着我，希望能依靠我成人"。"每个弟弟、各个弟弟"共同构成了"弟弟们"的集合。一个复数意义的集合正是由"每个""各个"的个体汇集形成的。

2.1.2.3　分配数词词缀与复数词缀同一性的认知基础

通过上述分析，可以确定满语分配数词词缀和复数词缀具有同一性。因此，满语分配数词在表示分配意义的同时还具有复数意义。复数词缀则在表达原有的复数意义基础上，语法意义上增加了"分配"的功能，确切地说是增加了数量的"平均分配"功能。词缀 -ta／-te／-to 在第一类句中，表达复数意义占主要功能，在第二类句中，表达平均分配意义占主要功能，在第三类句中，复数意义和分配意义同时发挥功能，分配对象表达分配意义更多一些，被分配对象表达复数意义更多一些。

接加在亲属称谓词后面的复数词缀 -ta／-te，与构成分配数词词缀的 -ta/-te 基本同一，我们认为是有其历史依据的。氏族社会中的各个成员所处的地位平等，集体劳动、平均分配、财产共享。因此接加 -ta／-te 的处于同一团体的人员在地位、劳动、资源分配等各方面均体现着"平等"和

"平均"。而后，经过曲折复杂的发展变化，-ta / -te 逐渐产生"复数、分配"的语法功能。

盖捷特（Albert Gatschet）在其杰出的克拉马特语语法中指出："对克拉马特族印第安人的善于观察的头脑来说，各种事物是在不同时间反复完成的，或者同一个东西是不同的人单独作成的，这个事实比我们的语言所拥有的光秃秃的复数观念意义重大得多。"克拉马特语没有复数形式，但其使用分配重叠法的观念与复数的观念相符。这与满语复数词缀与分配数词词缀同一的表现具有相似之处。可以说，满族先民的思维属于非逻辑思维，还不能够像汉语、英语等语言熟练地进行抽象表现，尚处于比较原始的非抽象思维阶段。

从人类认知的视角考察，"分配"与"复数"具有同质性。在人类头脑的存储方式中，当数量意义被复数化时，也可以认为其数量意义被分割，且分割部分中的"一个"被存储描述下来。可见，满语复数词缀与分配数词的同一性是满语主体认知"分配"与"复数"同质性在语言中的反映。

2.2　数范畴与有生性

跨语言事实表明，有生性与数范畴的标记密切相关。满语数范畴的标记对象主要为有生物，受到有生性的制约。本节考察复数词缀的语法化程度与有生性对满语数范畴的限制作用，探讨满语数概念范畴化的认知本质。

2.2.1　复数词缀的语法化程度

在满语中，能够观察到的复数词缀的接缀范围如下所列：

（1）人的名词：

  gucu "朋友"   gucu-se "朋友们"

（2）人或个别动物名词：

  morin "马"   mori-sa "马"

  monio "猴"   monio-sa "猴"

（3）个别非生物名词：

  alin "山"   ali-sa "山"

一般情况下，满语接加于指人名词后面的词缀表达集合数意义，该集合数意义虚化发展成为复数意义的过程，同词缀接缀范围的依次扩大过程对应同步进行。其演变顺序如下：

接缀范围：（1）人的名词后→（2）人或动物名词后→（3）生物、非生物名词后；

语义虚化：（1）集合意义→（2）集合～复数意义→（3）复数意义。①

由此可以推断，满语复数词缀的语法化程度不高，尚处于表达集合数意义的初级阶段。我们可以通过观察复数词缀 -si 的意义进行验证。

接加复数词缀 -si 的指人名词有 hehe "女人"、haha "男人"、aha "奴仆"、omolo "孙子"、hojihon "女婿" 等。我们以 hehe "女人" 一词为例，观察其复数形式 hehe-si 在语言实例中表示的意义。

（2 – 22）

a. takūrša-ra   hehe-si geng niyang-be wahiya-me jahūdai-de

  侍奉-PRS. PART 女 庚 娘-ACC 扶-SIM 船-DAT

---

① 哈斯巴特尔：《阿尔泰语系语言文化比较研究》，民族出版社 2006 年版，第 27 页。

dule-mbu-fi   ishun-de   tebeliye-me   gosiholo-me   songgo-ho.
过-CAUS-SEQ   互相   抱-SIM   怜-SIM   哭-PAST
使女将庚娘扶过船，（他们）相抱痛哭。
（青衣扶过舟，相抱哀哭）（《择翻聊斋志异》）

b. wang šeng saršа-ra   hehe-si tugi-i   adali-be   sabu-fi
   王生   游-PRS.PART   女   云-GEN   相同-ACC   见-SEQ
takdangga-be   amca-me   emhun   sargaša-ra-de
兴致-ACC   追-SIM   独   邀-PRS.NMLZ-DAT
（王）生见游女如云，乘兴独邀。（《择翻聊斋志异》）

c. sansi-i   siyūn fu hafan-i ba-ci   benji-he   juwan
山西-GEN   巡抚   官-GEN 地方-ABL   送来-PAST.PART   十
hehe-si   kumun gemu hojo   sargan juse inu.
女   乐   都   美   女   子   是
山西巡抚处送来的十个女乐师，各个都很美。
（晋抚馈女乐十人，皆是好女子。）（《择翻聊斋志异》）

d. hehe-si carcan se-me   da-me   latunji-fi   abura-mbi.
女   喊叫   AUX-SIM   管-SIM   侵犯-SEQ   揪扯-PRS
女人们大喊大叫地撒泼前来助威。（《满汉成语对待》）

e. jui-i   managan hehe-si-i sabu-ci ana-me   hūwa   terkin-de
孩子-GEN 尿布   女-GEN 鞋-ABL 依次-SIM   院子   台阶-DAT
tuhe-fi waliya-bu-ha-be   zeng siyoo liyan   hacin hacin-i
落-SEQ 弃-PAST-CAUS.NMLZ-ACC   曾孝连   件件-GEN
tuwa-ci   mujilen efuje-fi   yasa-i   muke tuhe-bu-he.
看见-COND   心   破坏-SEQ   眼-GEN   水   落-CAUS-PAST
孩子的尿布、妇女的鞋等，扔落在院子台阶上，曾孝连件件看见了，心酸落下了眼泪。（《择翻聊斋志异》）

f. irgen sakda yadalinggū juse hehe-si uhere-me ududu tumen bi.
百姓 老 弱 孩子 女 约-SIM 数 万 有

老弱百姓，约有数万。(《三国志演义》)

g. <u>hehe-si</u>　oci　šan-de　amba　muheren　etu-mbi　haha-si　inu
　女　　TOP　耳-DAT　大　　环　　　戴-PRS　　男　　也

suihun　tuhebu-mbi.
耳坠　　下垂-PRS

女子耳戴大环，男子耳戴小环。(《平定金川方略》)

观察例句 (2 – 22) 中 hehe-si 表示的数意义：句 a、b、c 表示"特指"的复数意义；句 d、e、f、g 表示"泛指"的集合意义。hehe-si 在表示集合意义时，与词干形式 hehe 无区别，可交替使用。如例句 (2 – 23) 所示：

(2 – 23)

a. huu san niyang　gu da sao　sun er niyang　ilanofi　cuwan-i　<u>hehe</u>
　扈三娘　　　　　顾大嫂　　孙二娘　　　　三人　　船-GEN　女

o-fi　　　buya　cooha-i　niyalma-be　cuwan　šuru-bu-ha.
成为-SEQ　小　　兵-GEN　人-ACC　　船　　驾驶-CAUS-PAST

扈三娘、顾大嫂、孙二娘三名女将扮作艄婆，小校人等都做摇船水手。《水浒传》

b. takūrša-ra　　　<u>hehe</u>　ihan　tuwakiya-ra　　　hahajui-be　huthu-fi
　侍奉-PRS.PART女　　牛　　照看-PRS.PART　男孩-ACC　捆-SEQ

tolon　tukiye-fi　uju　hosi-fi　menggun　jiha　etuku　　uju-i
火　　举-SEQ　头　包-SEQ　银　　　钱　　衣服　　头-GEN

miyamigan-i　jergi　jaka-be　suwele-me　gai-ha.
饰-GEN　　　等　　物-ACC　搜-SIM　　取-PAST

捆绑仆妇、牧童、包头举火搜去银钱、衣服、首饰等物。《新满汉大词典》

根据满语的句法限制，有数词限定的指人名词不再使用复数形式，而是使用词干形式。但是，在句（2－22）c 中 juwan hehe-si "女乐十人" 是例外，没有采用 hehe 的词干形式，而是采用复数形式 hehe-si，表明 hehe-si 中的 -si 词缀所起的复数作用有限，复数意义较弱。

　　附加复数词缀 -si 的名词复数形式与名词词干形式之间的显著区别变小，还表现为有时接加复数词缀 -si 的名词表示单数意义。以 haha "男子" 为例，如例句（2－24）所示，句中缀有复数成分的 haha-si 表示单数意义。

（2－24）

ja-i hūwang fonji-me sini 　　 gese 　<u>haha-si</u>　 bime 　ai-de

查伊璜　　　问-SIM 2SG.GEN 似的　男子　　而　　什么-DAT

gioha-me 　 yabu-ha 　 ni.

乞-SIM 　　 行-PAST 　INT

查伊璜问："像你这样的男子汉，为什么要饭呢？"

（查问若男儿，胡行乞。）（《择翻聊斋志异》）

　　满语代词 ududu "多少、几" 限定的指人名词一般不用复数形式，如例句（2－25）中的 eigen "丈夫" 一词。

（2－25）

ere 　　　　emile 　<u>ududu　 eigen</u>　 ana-habi 　banin 　giru 　inu 　sain

DEM.PROX 雌 　　几 　　丈夫　嫌弃-TAM　性 　　貌 　也 　好

gala 　 weilen 　 inu 　 o-mbi. 　　 damu 　emu 　ba 　 eden 　jušun

手 　　 工 　　 也 　 可以-PRS 唯 　　 一 　 地方 　缺少 醋

jete-re 　　　　 mangga.

吃-PRS.NMLZ 　强

这个女人嫌弃了好几个丈夫，性情容貌都好，手艺也可以，唯独有个

缺陷，（就是）爱吃醋。（《一百条》）

但是，在例句（2-26）中，代词 ududu 限定之下的名词 haha "男子"，并未采用词干形式 haha，而是采用复数形式 haha-si，表明了 haha 与 haha-si 在使用上可以相互替换。

（2-26）

baji	o-me	ududu	haha-si	ulin-be	hūwa-de	juwe-me
一会儿	AUX-SIM	几	男	财-ACC	院子-DAT	运-SIM

isi-bu-re-be　　　　sabu-fi.

至-CAUS-PRS. NMLZ-ACC　看-SEQ

一会儿只见好几个男人把财帛运到院子里。

（俄见数夫运资于庭。）（《择翻聊斋志异》）

此外，aha "奴仆" 一词的词干形式与其复数词缀形式 aha-si 也可以出现在相同的语言环境中，如例句（2-27）所示：

（2-27）

a.

ayuki	han	alimbaharakū	hukše-me	aha	membe	ini
阿玉气	汗	极其	感激-SIM	奴才	1PL. ACC	3SG. GEN

ici　ergi-de　te-bu-he.

右　侧-DAT　坐-CAUS-PAST

阿玉气汗不胜感激，谢让奴才等坐在其右。（《异域录》）

b.

aha-si	mende	jursu	etuku	honci	jibca	em-te	jugūn-de
奴才	1PL. DAT	双层	衣	羊皮	袄	一-DIST	路-DAT

kunesun　o-bu-me　　　baitala　se-he.

口粮　成为-CAUS-SIM　用. IMP　AUX-PAST

馈送奴才我等夹衣各一件，羊皮袄各一件作为途中行装。（《新满汉大词典》）

以上情况表明，接加 -si 词缀的复数形式在语法功能上与词干形式相近，复数词缀 -si 所起的复数作用有限，其复数意义较弱，词汇意义较强，说明该复数词缀的语法化程度不高。

2.2.2 有生性对满语数范畴的限制

有生性是语言以外的概念特性，本质是人类认知范畴化的概念，在人类的各种语言结构中显现出其制约机制。有生性制约语法的现象出现在许多语言中，满语也同样受到其制约作用。有生性首先将语言内部成分参数按照顺序从最上位到最下位定义了一个阶层：

人类 > 动物（除人类以外）> 无生物

实际上，在有的语言中有生性的阶层区别更大，如，人类与非人类的对立、有生命和无生命的对立。有的语言区别则更加趋于细化。

满语被有生性制约的语言现象除了体现在名词形态变化上之外，如，满语格形态中的非有生性宾格标记常常允许省略，更为显著的制约作用表现在数范畴的标记区域上。满语数的区别对立与有生性密切相关。在满语中可以观察到的数的对立为：有生性高的名词具有数的区别，有生性低的一方不具有该形式。数的区别对立衍生出动机与有生性的相关性，反映出人类如下的认知心理：有生性高的事物，人们容易将其作为确定的个体，当作可数的事物加以对待；有生性低的事物，人们容易将其作为不确定的集合体，当作不必要可数的事物加以对待。可见，有生性与有定性①具有关联性。

跨语言事实表明，有生性与数范畴的标记密切相关。汉语人称代词可以标记数的区别，例如，我～我们、你～你们；表人名词中有时标记，例

---

① 有定性是在其他参数中从有生性概念中最容易识别的概念。

如，朋友～朋友们；其他大部分名词不加以区别。在南岛语系诸语中，代词标示数的区别，除了单数和复数之外，还有双数（有时三数），大部分名词没有区别。在名词小句内部，典型的亲属名词标示数的区别，人类以外的名词鲜少标示。有生性低的复数名词，动词一致用单数形式标示，有生性高的复数名词，复数形式表示一致关系。在楚科奇语中，人称代名词、固有名词和某种亲属名词具有强制性的单数和复数的区别，人类以外的名词，在斜格[①]上没有数的区别。其他人类名词，通常不用斜格表示数的区别，有时可以随意标示。并且，楚科奇语有更详细的区分：数标记仅标示与说话人具有亲属关系的亲属称谓名词，比说话人年长的亲属名词，作为有生性更高的层级加以对待。楚科奇语的这一现象与本章 2.1.1 的 2.1.1.6 中指出的满语 mafa "祖父"、mama "祖母" 采用区别于其他亲属称谓的数标记类似，或许具有相似的思维认知基础。

从人类、动物（除人类以外，下同）到无生物的阶层，其显著性的程度与有生性阶层的程度具有高度相关性，但是也存在个别分歧。从满语数标记的语法表现观察，人称代词和非人称代词相比，人称代词具有数的范畴，接加了复数词缀的指示代词具有人称指代意义，如 ese "这些人"，tese "那些人"。固有名词和普通名词无法直接从字面意义体现有生性。换言之，有些名词无法以我们人类现代思维去判断某些事物的有生和无生。因此，满语中除了人类之外，也存在个别动物和无生物如 morin "马"、monio "猴子"、alin "山" 等具有数的范畴。

Comrie（1981，1989）指出了有生性与有定性（definite）、显著性（significance）和题目价值性（topic worthiness）的关联作用。下面我们基于 Comrie 的观点观察满语有生性制约满语数范畴的作用的其他因素。

首先，有生性阶层受到有定性的作用。有定性是在人类认知因素中从有生性概念中最易于识别的概念。尽管我们的讨论无法覆盖满语整体框架，但是，在满语中有生性与有定性相关联的证据如前所述：满语中有生

---

① 斜格为所有的名词句均具有单数复数区别的绝对格以外的格。

性高的事物，易于将其作为确定的个体，当作可数的事物加以对待；有生性低的事物，易于将其作为不确定的集合体，当作不必要可数的事物加以对待。这或许是有生性和有定性结合的效果，与早期人类的认知方式相关。

其次，满语标记复数的认知逻辑亦与题目价值性阶层相关。题目价值性与有生性阶层并不是等同的。题目价值性可以决定某些个别语法关系和意义作用如何分配。对满语而言，什么样的名词作为必要的和容易掌握的计数对象，什么样的名词就容易发展为能够被标记语法化的数范畴。（参见2.1.1中2.1.1.3和2.1.1.4论述的亲属称谓词等指人名词数标记的必要性）

最后，满语数的认知方式可能与显著性相关。显著性程度与有生性阶层程度高度相关，但是未必呈正比例关系。有生性的阶层是个体化（individuation）的阶层还原为与个体化本质相同的显著（salience）阶层。显著性机制作用表现为将某件不显著事件提升为吸引某个场合中特定存在者注意的焦点，即把不具有显著性的非个体化事物通过某些语法或其他方式变成注意焦点，显然与人类的认知方式相关。显著性研究成果指出，单数事物比复数事物更为显著。复数性有时促进有生性的语言反映，有时抑制有生性的语言反映。通过上述诸多满语事例观察，我们推断，满语的认知层级为无生物的显著性高于有生物，并且复数性促进了有生性在语言中的反映。

有生性、题目价值性、显著性三者相互关联，共同作用于满语数范畴的标记区域。题目价值性主要由显著性决定，而显著性不仅由其事物自身性质决定，更主要是由多个要因如固有名词严格意义的有生性、有定性、单数性和具体性等相互作用的结果。

关于满语数范畴的认知本质，结论是：满语数范畴受到有生性制约，有生性阶层不能还原为任何单一的因素，而是反映人类认知各个因素间的自然的相互作用。其中的因素不仅包括现实世界生物学定义的有生性，还包含有定性、题目价值性及促使某事物个体化具有的显著性。

第二部分 满语语义范畴认知 起源建构

第 3 章

满语数词体系认知起源建构

满族认知数字过程与满语基本数词体系建立过程相关，满语基本数词体系来源反映了满族的数字认知起源模式。数词体系的基本要素包括数词结构数学概念和数词语义来源概念两方面内容。参照与数词体系基本要素相关联的语言意义，可以构建满语数词来源概念，进而推知满族早期认知数字意义的思维来源。

　　本章重建满语基本数词体系认知模式的步骤如下：对满语基本数词形态及结构进行分析；根据重复出现频率最高的语素选择策略，从基本数词体系中提取能产性最高的语素信息；基于该语素分析，追溯满语基本数词词源，重建满语数词概念系统的词源语义，以此追溯满语认知数字意义的思维来源，探讨满语基本数词体系的起源认知动机，构建满语基本数词体系的起源概念认知模型即满族数字认知来源模型。

3.1　满语基本数词体系起源动机建构

　　Stampe（1976）、Greenberg（1978）、Seiler（1989）等语言学家将数词的研究限定在基本数词内，对数词的用法、序数词等则未过多言及。数词体系的基本要素包括数词结构数学概念和数词语义来源概念两方面内容，本节在数词形态及结构分析的基础上，考察满语基本数词的词源语义，探讨满语基本数词体系的起源动机。

3.1.1　满语基本数词形态及结构

我们探讨的满语基本数词形态及结构包括复合数词结构概念和数词形态语素及意义。

3.1.1.1　满语基本数词结构的数学概念

满语基本数词结构基于加法和乘法两种数学概念。

加法：一百以内整十数后接加个位数构成数词时使用加法。如 juwan emu ① "十一"、orin juwe "二十二"。基本数词 11 ~ 19（15 除外）的构成使用加法方式。整百数、整千数、整万数等后接加十位数、百位数、千位数构成数词时，也使用加法。

乘法：十、百位数以上的数词在小位数修饰大位数时使用乘法。如 ilan tanggū "三百"、duin minggan "四千"。基本数词 60 ~ 90（整十数）的构成使用乘法方式。

满语基本数词结构中常常同时包含这两种数学关系。如例句（3 – 1）中，72604 的表达为 nadan tumen juwe minggan ninggun tanggū duin ＝（7 × 10000）＋（2 × 1000）＋（6 × 100）＋4。

（3 – 1）

jabzundamba koituktu-i　　　šabinar-i　　otok　uheri　juwan　nadan

哲卜尊丹巴 呼图克图-GEN　弟子-GEN　部落　共　　十　　　七

---

① 本章研究涉及的满语语音以满语书面语语音为基础，采用国际音标标注。例句及数词为穆麟德满文罗马字转写标注。涉及满语与女真语词及其语义和语句出处参见胡增益：《新满汉大词典》，新疆人民出版社 1994 年版；金启孮：《女真文辞典》，文物出版社 1984 年版。

otok	tome	daruga	em-te	boigon	emu	tumen	juwe
部落	每	长	一-DIST	户	一	万	二

ninggan	emu	tanggū	orin	juwe	anggala	nadan	tumen	juwe
千	一	百	二十	二	人口	七	万	二

minggan	ninggun	tanggū	duin.
千	六	百	四

哲卜尊丹巴呼图克图所属的部落共有十七个，每个部落各有一个长，一万二千一百二十二户，七万二千六百零四口人。（《新满汉大词典》）

3.1.1.2　满语基本数词语素构成

分析满语数词的语素构成，首先将具有相似形态的数词提取出来进行对比。观察分析表 3 – 1 的满语基本数词形态构成，满语数词 11 ~ 19 除 tofoxon "15" 外均为加法结构，60 ~ 90 为乘法复合结构，ninʤu "60"、nadanʤu "70"、ʤakunʤu "80"、ujunʤu "90" 具有共同词尾形态 ʤu。结合 niŋgun "6"、nadan "7"、ʤakun "8"、ujun "9"、ʤuan "10" 的词干形式语义可判断语素 ʤu 语义为 "10"。ʤu 是满语基本数词体系中重复出现频率较高的语素，被频繁应用于派生新数词的构词过程中。

表 3 – 1　满语和女真语基本数词①

数字	女真语	满语
1	əmu	əmu
2	dʒo	dʒuwə
3	ilan	ilan
4	duin	duin

———————————

① 表 3 – 1 内的数词为国际音标标记。

续表

数字	女真语	满语
5	ʃundʒa	sundʒa
6	niŋgu	niŋgun
7	nadan	nadan
8	dʒakun	dʒakun
9	ujewən	ujun
10	dʒua	dʒuan
11	anʃo	dʒuan əmu
12	dʒirxon	dʒuan dʒuwə
13	gorxon	dʒuan ilan
14	durxun	dʒuan duin
15	toboxon	tofoxon
16	nixun	dʒuan niŋgun
17	darxon	dʒuan nadan
18	niuxun	dʒuan dʒakun
19	onioxon	dʒuan ujun
20	orin	orin
30	guʃin	gɯʃin
40	dəçi	dəçi
50	susai	susai
60	niŋdʒu	nindʒu
70	nadandʒu	nadandʒu
80	dʒakundʒu	dʒakundʒu
90	ujwəndʒu	ujundʒu

3.1.1.3 满语基本数词文字意义

根据满语基本数词形态构成和已知文字意义结构创建了表 3 - 2。满语基本数词除了 11 ~ 19（不含 15）以外，语义均不透明，有必要追溯数词词源，以便对数词体系的起源语义进行重建。

表 3 - 2 满语基本数词的文字意义

数字	满语（罗马字转写）	满语（国际音标）	意义
1	emu	əmu	意义不明
2	juwe	dʒuwə	意义不明
3	ilan	ilan	意义不明
4	duin	duin	意义不明
5	sunja	sundʒa	意义不明
6	ninggun	niŋgun	意义不明
7	nadan	nadan	意义不明
8	jakūn	dʒakun	意义不明
9	uyun	ujun	意义不明
10	juwan	dʒuan	意义不明
11	juwan emu	dʒuan əmu	10 + 1
12	juwan juwe	dʒuan dʒuwə	10 + 2
13	juwan ilan	dʒuan ilan	10 + 3
14	juwan duin	dʒuan duin	10 + 4
15	tofohon	tofoxon	意义不明
16	juwan ninggun	dʒuan niŋgun	10 + 6
17	juwan nadan	dʒuan nadan	10 + 7
18	juwan jakūn	dʒuan dʒakun	10 + 8
19	juwan ujun	dʒuan ujun	10 + 9
20	orin	orin	意义不明
30	gūsin	gɯʃin	意义不明
40	dehi	dəçi	意义不明
50	susai	susai	意义不明
60	ninju	nindʒu	意义不明
70	nadanju	nadandʒu	意义不明
80	dʒakūnju	dʒakundʒu	意义不明
90	uyunju	ujundʒu	意义不明

我们重建满语基本数词语义来源时，首先依据重复出现频率最高的语素选择策略，从基本数词体系中提取出能产性最高的语素信息。这是因为常用的附着语素通常逐渐发展为自由语素，被层层地应用于派生新数词的构词过程中。然后基于该常用语素分析词源信息，探索早期词源语义，进而重建基本数词的起源认知模型。在满语中，能产性最高的语素是表示10的语素，因而，以满语10的词源语义分析为切入点依次进行其他数词的词源分析最为恰当。

3.1.2 满语基本数词的词源语义

满语族群运用数字进行计数活动时，每10个数构成一个单元，以数字10为单位重新开始计数。因此在满语基本数词体系中，数字10为基本数，数字系统是以10为基本数的10进制体系。10在构成数词时利用率最高，11~19（15除外）用10作为基数分别与1~9相加而成，60~90（整十数）用10作为基数分别与6~9相乘而成。前文分析，满语数词体系派生新数词能产性最高的语素亦为表达数字10的语素，因对由基本数10派生而成的数词词根分析相对容易，故以数字10为切入点依次进行其他数词的词源分析。

3.1.2.1 基本数10的词源语义

满语基本数10具有dʒuan、dʒu两种语音形式。dʒuan是自由形式，dʒu是非自由形式即黏着语素，见于满语数词60~90（整十数）的构词成分中。黏着形式dʒu或来源于自由形式dʒuan，或发展为自由形式dʒuan。

1. dʒuan 词源语义

与非自由形式dʒu比较，dʒuan由双音节语素dʒu-wan构成。阿尔泰语系语言中存在音节首辅音f > w的演变规律，据此将dʒu-wan复原为*dʒu-fan。女真语10的语音形式为dʒua，尚无词末鼻辅音n，故将满语*dʒu-fan进一步构拟为*dʒufa。满语中与*dʒufa语音形式相似的词为dʒafa-，其语义为"（用手）拿、抓、握、揪、捧、抱、举等"。

(3-2)

a. sargan jui uju mari-fi gala-i   jafa-ha   ilha-be
   女   子   头   回-SEQ 举手-GEN 拿-PAST. PART 花-ACC
   tukiye-me aldangga-i elki-re   arbun ara-ha.
   举-SIM   远-GEN   招-PRS. PART 模样   做-PAST
   女回首举手中花，遥遥作招状。（《择翻聊斋志异》）

b. du io ebuhu sabuhū ili-fi   hashū ici ergi niyalma-be
   督邮 急忙的样子   立-SEQ 左   右   侧   人-ACC
   jafa   seme hūla-ra-de   jang fei du io hafan-i
   抓. IMP COMP 呼唤-PRS. NMLZ-DAT   张飞   督 邮 官-GEN
   uju-i   funiyehe-be jafa-fi   uša-me   yamun-ci
   头-GEN   发-ACC   揪-SEQ   扯-SIM 衙门-ABL
   tuci-bu-fi.
   出-CAUS-SEQ
   督邮急起唤左右捉下，被张飞用手揪住头发直扯出馆驿。（《三国志演义》）

c. oros-i   cooha urse kemuni burga jafa-fi   tanta-me
   俄罗斯-GEN 兵   丁   仍然   柳条   拿-SEQ   打-SIM
   hacihiya-me   uša-bu-mbi.
   催促-SIM   牵拉-CAUS-PRS
   俄罗斯兵丁拿着柳条，抽打着，催促运送。（《异域录》）

d. ere   serengge cen lin-i   hose jafa-ha   ucun.
   DEM. PROX TOP   陈琳-GEN 盒子 抱-PAST. PART 歌
   此乃陈琳抱妆盒之歌。（《金瓶梅》）

（3－3）

ere   morin ilmere-ke-de   jafa-ra

DEM. PROX 马 松开-PAST. NMLZ-DAT 抓-PRS. NMLZ

mangga.

难

这马要是溜了缰，很难捉住。（《满汉成语对待》）

hude jafa-mbi.

舵 握-PRS

掌舵。（《满汉大辞典》）

（3－4）

gala-de beri jafa-fi dara-de sirdan singgiya-fi bi.

手-DAT 弓 拿-SEQ 腰-DAT 箭 插-SEQ AUX

手拿弓，腰插箭。（《择翻聊斋志异》）

  例句（3－2）中的动词 dʒafa-（jafa-的国际音标，下同）表达多语义"拿、抓、握、揪、捧、抱、举"等需要人类用手得以完成的动作，其多义性源于手的动作所衍生的意义，且 dʒafa- 指代的手的动作在多数情况下由人类两只手配合完成，因而，"拿、抓、握"等语义表达源于操作相关动作的双手。在满语具体语用表现中，表达需要使用两只手操作的"拿、抓、握、捧、抱、举"等动作意义的句子省略补语，表达使用单只手操作的动作意义的句子常出现补语加以说明。如例句（3－3）表达双手操作的动作无须补语 juwe gala-i（-de）"用两只手"；例句（3－4）则出现补语"gala-de"强调其为单只手的动作。类似语用现象显示出 dʒafa-"拿、抓、握、揪、捧、抱、举等"与"双手"在意义上具有同一性。

  我们推测 dʒuan "10"来源于动词 dʒafa-"拿、抓、握等"，10 的早期形式 *dʒufa 语义经由"双手"与 dʒafa-"拿、抓、握、揪、捧、抱、举"相关联。满语动词派生名词构词方式之一是鼻辅音 n 接加在动词词干后构成该动作相关的事物名称。如（3-5）中例词所示：

（3-5）

maksi-mbi "跳舞"　　　　　　maksi-n "舞蹈"

hajila-mbi "相爱"　　　　　　hajila-n "亲爱"

ete-mbi "取胜"　　　　　　　ete-n "胜利"

akda-mbi "信赖"　　　　　　akda-n "凭信"

buye-mbi "爱"　　　　　　　buye-n "欲望"

teye-mbi "休息"　　　　　　teye-n "休息"

由此推知，由动词 dʒafa- "拿、抓、握、揪、捧、抱、举"等"双手相关的动作"向名词 *dʒafan "双手动作相关的事物"即"双手"的派生过程合乎满语构词派生规律，即 dʒafa- "拿、抓等" > *dʒafan "双手"。 *dʒafan 发展为 *dʒawan 之后，第一音节元音 a 受到其后 w 音的唇化影响发展为 u，最终演变为 dʒuan 形式。双手是进行"拿、抓、握、揪、捧、抱、举"等动作的身体部位，人类双手具有 10 根手指，因此 dʒuan 逐渐由"拿、抓、握"等动作指代人类"双手"，再由"10 根手指"构成的双手概念发展为指代 10 意义的数字。

语音演变过程：dʒuan < *dʒawan < *dʒafan < *dʒafa-

语义演变过程："拿、抓、握、揪、捧、抱、举"等动作→双手 → 10

2. dʒu 词源语义

将语素 dʒafa- 再分析为 dʒa-fa，其中第一音节语素 dʒa 可与动词 dʒoola- "束手"进行比较。将 dʒoola- 语素分析为 dʒoo-la-，其中语素 -la 是满语常见且能产性极高的名词派生动词的构词词缀，如（3-6）所示：

（3-6）

akšu-n "刻薄"　　　　　　　akšu-la-mbi "说刻薄话"

kušu-n "不舒服"　　　　　　kušu-le-mbi "厌恶"

由此逆向推导 dʒoola- 或由名词dʒoo-n派生而来，即 dʒoo-la < *dʒoo-n。满语长元音不具有区别语义作用，dʒoo-la- 词干中保留的长元音是名词 dʒo-n 派生动词 dʒoo-la- 过程中受到 n 的影响发生历史语音变化的遗存形式。推测其语音演变过程为 dʒoo-la- < *dʒon-la- < *dʒo-n，dʒo 为 dʒoola- 的词根语素。

dʒoola- 的词汇意义为"束手、拱手、背手、袖手、抄手"，表达"两只手"操作的动作，见例句（3－7）。名词派生动词在语义变化上常表现为增添动作意义，排除其中动作性语义反推其派生来源名词语义，可推导出其词根 dʒo 的事物性语义为"双手"。可见，dʒoola- 之词根语素 dʒo 与上文分析的 dʒafa- 之词根语素 dʒa 语义均为"双手"，dʒa 和 dʒo 为早期元音交替形式。根据早期满语元音交替表达同义词现象，可知语素 dʒa、dʒo 和 dʒu 语义均为"双手"。如例句（3－8）中 joolame jafa-语义为"（两人）双手交叉着"，"两人双手"即两个人四只手相互协作，分别由 dʒoola- 和 dʒafa- 两个动词并用表达两套"双手动作"。

（3－7）

a. gala-be   joola-fi   buce-re-be   aliya-mbi.
   手-ACC   交叉-SEQ   死-PRS. NMLZ-ACC   等-PRS
   束手待毙。

b. gala-be   joola-fi   daha-fi   amban   o-hobi.
   手-ACC   交叉-SEQ   随-SEQ   官   成为-TAM
   拱手称臣。

（3－8）

juwe   niyalma-i   gala-be   ishunde   joola-me   jafa-fi   gala-i   dele
二   人-GEN   手-ACC   互相   交叉-SIM   抓-SEQ   手-GEN   上

te-bu-fi   boo-de   gama-fi
坐-CAUS-SEQ   家-DAT   带去-SEQ

两人互相交叉着双手，（使他）坐在手上到家中。

综上分析，满语表达数字 10 的数词 dʒuan 和语素 dʒu 词源为双手操作的"拿、抓、握、拱手、背手"等动作，满族认知 10 的概念来源于人类"双手"手指的总数。

3.1.2.2　数词 5 的词源语义

满语表达 5 的语音形式为 sundʒa，可分析为 sun 和 dʒa 两个语素。上文分析已知 dʒa 早期语义为"双手"，以下分析语素 sun 的可能语义来源。满语中包含与 sun 语音相近的 son 语素的词语如（3-9）所示：

（3-9）
sonio "单的，不成双成对"
sonio juru "单双，奇偶"
sonihon "奇（数），单（数）"
soningga "罕见的（事物）"
soncoho "单数"
soncoho biya "单月（单数的月份）"
soncoholo- "成单"

显而易见，语素 son 具有"单个的，不成双的"语义。sonio 与 juru "双"相对，在语义上强调"不成双"和"成双事物中的单个的"。如 sonio sabu "一只鞋，单只鞋"词组中，鞋原本为成双的"两只"，经过 sonio 限定，用于指代两只鞋中的单只或一只。

具有相似结构的 sonihon "奇（数）、单（数）"和 soningga "罕见的（事物）"二词进行比较，-hon 和 -ngga 是满语派生名词和形容词的常用词缀，因此可从 soni-hon 和 soni-ngga 中分析出词根语素 soni。词根语素 soni 在特定语音环境中受到辅音 dʒ 和 tʃ 的影响，元音 i 发生脱落现象，例如在 soncoho（音标标记为 sontʃoxo）中，原词根语素 soni 中的元音 i 受到其后齿龈硬腭擦音 tʃ 的影响发生了脱落，导致词根语素演变为 son，即 son-coho < *soni-coho（son-tʃoxo < *soni-tʃoxo）。据此，可将满语表达数字 5 的早期形式重建为 *sonidʒa，*soni 中元音 i 受到其后齿龈硬腭擦音 dʒ 的影响发生了脱落，由于逆同化作用，第一音节元音 o 演变为 u，发展过程为 sundʒa < *sondʒa < *sonidʒa。

通过以上分析，满语数词 sundʒa "5" 的形态和语义构成为 sundʒa < sun "单的"-dʒa "双手"，语义来源于成双中的 "单只手"。人类单只手有 5 根手指，所以 sundʒa 逐渐用以指代数字 5。

3.1.2.3　数词 15 的词源语义

在满语 "11～19" 数词的构成中，除了 15 以外，均以 "10 + 个位数" 的方式构成，15 采用独立词表达。满语数词 15 的语音形式为 tofoxon，这个例外形式继承自女真语。女真语 15 为 toboxon，分析女真语 15 的词源，便可探明满语词源语义。女真语 11～19 尽管不是复合数词，但其具有相同的形态特征即词尾语素 ʃo/xon/xun，分析如下：

(3－10)

11	anʃo	an-ʃo
12	dʒirxon	dʒir-xon
13	gorxon	gor-xon
14	durxun	dur-xun
15	toboxon	tobo-xon
16	nixun	ni-xun
17	darxon	dar-xon
18	niuxun	niu-xun
19	onioxon	onio-xon

ʃo/xon/xun 的语义具有两种逻辑可能：一种语义为 "10"，这时其前

面分析出的词干语义为 1～9；另一种为无词汇意义的构成数词的构词词缀，这时其前面分析出的词干语义为 11～19。与满语 11～19 的形态结构进行比较，女真语 11～19 内部语素间构成关系亦为加法，因此女真语 11～19 的词干语义可确定为 1～9，可知 ʃo/xon/xun 表达语义为 10。在 toboxon "15" 结构中排除 xon 所表达的 "10" 语义，"5" 的语义必然由 tobo 承载。满语数词 tofoxon 传承自女真语，因此语素 tofo 的意义为 "5"。

将女真语 tobo- 和满语 tofo- 进行对比，女真语的辅音 t 在满语中发展为 ʃ 或 s、满语中的辅音 t 发展为 s 和 ʃ，符合语音发展规律。满语中包含与 sofo、ʃofo 相近语素的词有：

(3－11)

šoforo-"抓、搔、挠"

šoforšo-"乱抓，乱挠"

šoforo-me je-mbi "抓着吃"

šoforo "（量词）撮，六十四黍为一圭，四圭为一撮，十撮为一勺"

emu šoforo boihon "一撮土"

šobkošo-"用手抓着吃"

šobkošo-me je-mbi "用手抓着吃"

sefere-"攥，握，抓"

seferše-"频频攥，频频握，屡揪着"

sefere "（计量单位）（一）束，（一）把"

sefere yali "一把肉"

以上例词词根 šofo-、šob-、sefe- 等均具有 "抓" 的语义，并发展为表示 "一手抓" 的数量计量单位，因此语素 tobo- 和 tofo- 早期语义可确定为 "用手抓"。"抓" 是基于手操作的动作，人类用来 "抓握的手" 为 5 根手指，因而语素 tobo- 和 tofo- 逐渐用于指代数字概念 5。满语数词 tofoxon "15" 的形态语义构成为 tofoxon "15" < tofo "5"-xon "10"，概念构成

为"抓握的手的 5 根手指 + 10"，间接来源于人类的手。

3.1.2.4　数词 20 的词源语义

满语表达数字 20 的形式为 orin。蒙古语族语言"20"的形式如下：蒙古语正蓝旗话 xœr；布里亚特方言 xorj；东乡语 qorun；东部裕固语 χorən。满语 orin 形式较大可能借用自蒙古语 χorən 形式。

吴安其（2012）在对阿尔泰语数词词源研究中指出，突厥语表示"二十"至"九十"的词中表示"十"的后缀有 *-be、*-ur、*-iq、*-bis、*-sen、*-on。突厥诸语的"十"在底层语言或底层方言中具有不同的说法，后来统一为 *on。*on 还成为朝鲜语以及蒙古语族一些语言表示"十"的后缀，蒙古语中也有类似突厥语表示"十"的 *-r 结尾的后缀。①

根据土耳其语、维吾尔语、西部裕固语、图佤语数词 10 的后缀为 on，即突厥诸语"十"为 *on，以及蒙古语中类似突厥语表示"十"的 *-r 结尾后缀，推断满语数词 orin 的语义来源为"10 + 10"。

3.1.2.5　数词 1 和 2 的词源语义

满语表达"1"的数词为 emu。哈斯巴特尔（2003）对阿尔泰语系语言数词"一"的同源关系进行比较，认为满－通古斯语族语言数词来源于 *emun 的语音形式。满－通古斯语的数词 *emun 同该语言中 eme "母亲"一样，因此 *emun 的词源来源于母亲，从"母亲"引申出数词

---

① 吴安其（2012）认为这种情况可能是公元前几个世纪的匈奴语和此后的回鹘汗国、突厥王国对东部地区语言的影响造成的。

"一"，同原始人类所实行的共食制下的分配形式紧密联系。①

满语表达"2"的数词为 juwe，附加派生语素的形式有 ju-rsu"两层"、ju-ru"双"和 ja-i"第二"。我们在 3.1.2.1 中探讨了词根语素 ju 和 ja 的语义为"双手"，由于人类有两只手，推测"2"的语义来源于此。另一推测为 juwe、jai 与满语 jui"孩子"语音相似，其语义来源可能为"孩子"。后一推测与满语数词"1"来源于"母亲"具有语义传承和发展的联系。母亲原本为一人，怀孕产子以后变为两个人。满语数词"2"与"孩子"相关联或源于此。满语"怀孕"的语言表达保留着使用数词"2"的表达方式。如例（3－12）句 b、e 中的动词 oho 表示状态的变化，jursu oho 意义为"变为双层，成为两个"，指代"怀孕有了孩子"。另外，大环中穿一小环谓之"子母环"的物件，在满语中的表达是 jursu muheren，可直译为"双重环"，与"二"、"双"和"孩子"具有语义关联。

（3－12）

a. beye jursu.

　身体 两层

　怀孕。（《满汉大辞典》）

b. jursu o-ho.

　两层 成为-PAST

　怀孕。（《满汉大辞典》）

c. si geli jursu beye ere-be sa-ha bi-ci

　2SG又 　两层 身体　DEM. PROX-ACC 知道-PAST AUX-COND

---

① 哈斯巴特尔认为满－通古斯语族语言数词来源于语音形式 *emun，在赫哲语和锡伯语中分别派生发展为 əmkən 和 emken，均是在词根 əmun 上附加词缀-kən 构成的，其派生方式同蒙古语完全一样。满－通古斯语的数词 *emun 同该语言中的"母亲"eme 一样，因此 *emun 的词源同蒙古语一样，来源于"母亲"。满－通古斯语族语言和蒙古语族语言的数词"一"具有同源关系，都来源于"母亲"，反映了蒙古语族语言和满－通古斯语族语言数词"一"之间的同源关系及其共同来源"母亲"。而从"母亲"引申出数词"一"，同原始人类所实行的共食制下的分配形式紧密联系。详见哈斯巴特尔：《关于阿尔泰诸语数词"一"及其相互关系》，载《满语研究》2003年第 2 期。

taktu-de　tafa-ra-kū　　bi-ci　　　sain　bi-he.

楼-DAT　登-PRS-NEG　AUX-COND　好　　AUX-PAST

你又有身孕，要知道这样，不上楼好了。(《金瓶梅》)

d. ese-i　　　　dorgi emu beye jursu　　hehe-be budancar

DEM. PL-GEN　内　　一　　身体　两层　　女-ACC　勃端察尔

gai-fi　sargan　o-bu-habi.

取-SEQ　妻　　成为-CAUS-TAM

众内一怀孕妇人，勃端察尔娶为妻室。(《清语问答四十条》)

e. sini　　　　beye jursu o-ho.

2SG. GEN　身体　两层　成为-PAST

你有喜了。(《新满汉大词典》)

综上所述，满语数词 juwe "2" 的语义来源为 "母亲孕育孩子" 或人类 "两只手" 的手数目。

3.1.2.6　其他 10 以内数词的词源语义

吴安其（2012）对阿尔泰语言数词的语音和词源关系进行了比较，其中包括满 – 通古斯语言的若干数词的词源解释，涉及满语数词的词源解释如下：3 的语义来源为 "编辫子"；4 的语义来源为 "弯里面的大拇指"；6 的语义来源为 "拳"；7 的语义来源为 "嗓窝"；8 的语义来源为 "肩膀"；9 的语义来源为 "头"。

3.2　满语基本数词体系认知起源重建

3.2.1　满语数词起源意义重建

我们在本章 3.1 中追溯满语基本数词的词源语义，根据分析结果，可将满语数词的起源语义列表如下，见表 3 - 3。

表 3 - 3　满语数词词源语义重建①

意义	数词	词源语义
1	emu	母亲
2	juwe	孩子，两只手
3	ilan	编辫子
4	duin	弯里面的大拇指
5	sunja	单手
6	ninggun	拳
7	nadan	嗓窝
8	jakūn	肩膀
9	uyun	头
10	juwan	双手
11	juwan emu	10 + 1（双手 + 1）
12	juwan juwe	10 + 2（双手 + 2）
13	juwan ilan	10 + 3（双手 + 3）
14	juwan duin	10 + 4（双手 + 4）
15	tofohon	5 + 10（单手 + 10）
16	juwan ninggun	10 + 6（双手 + 6）
17	juwan nadan	10 + 7（双手 + 7）
18	juwan jakūn	10 + 8（双手 + 8）
19	juwan uyun	10 + 9（双手 + 9）
20	orin	10 + 10
30	gūsin	3×10

① 表 3 - 3 满语数词为穆麟德满文罗马字转写。

续表

意义	数词	词源语义
40	dehi	4×10
50	susai	5×10
60	ninju	6×10（6个双手）
70	nadanju	7×10（7个双手）
80	dʒakūnju	8×10（8个双手）
90	uyunju	9×10（9个双手）

3.2.2　满语数词来源认知模型建构

　　参照与数词体系容易发生连接的语言意义上的特性，可以构建数词来源的概念雏形，从而得到满语认知数字意义的思维来源。根据表3-3重建的满语数词概念系统的词源语义信息，我们将满语数词的来源认知模型建构为手模型、母子模型和计数体系模型三种。

　　1.　**手模型**

　　人类的手具有天然的计数优势，满族认知10的概念源于人类双手手指的数目，认知5的概念源于单手手指的数目，认知2的概念源于手的数目。满语基本数词体系中高频率应用于派生合成数词的"10"和"5"的语义最初源于人类双手或单手"拿、抓、握"等手部操作的动作，而后经由单手或双手的手指数目逐渐发展为指代数量意义的数字概念。手模型是满语建构基本数词概念体系中最为重要的认知来源模型，满语族群通过认知手的动作经由手指的数目得以认知基本数字。

　　2.　**母子模型**

　　满语数词"1"和"2"的语义建构来源于母子模型。早期人类对数字1和2概念的最直接的观察便是母亲孕育和生下孩子，其过程由"1"个人变成了"2"个人。老子在《道德经》"一生二，二生三，三生万物"中采用数字 1、2、3 的概念阐释宇宙生成论，认为从 1 到 2 是创生万物的基础。这种哲学观点亦反映了与母子模型相似的人类对数字 1 和 2 概念的认知过程。

3. 计数体系模型

现代人类计数多采用手指示数法，古代人类的计数法常采用身体计数法。满语"6""7""8""9"等数词来源概念分别为"拳""嗓窝""肩膀""头"，用上半身的身体部位表示数字的模式来源于古代肢体计数法的语言表达。

手模型来源于人类身体的手部位；计数体系模型中用于肢体计数的"拳""嗓窝""肩膀""头"为人类身体部位；母子模型中母亲孕育孩子是人类身体发生的生理状态变化。三个模型均以人类身体作为认知基础，可将之进一步归纳为人类身体模型，即人类身体模型是建构满语基本数词体系的认知模型。

3.2.3　满语数词认知来源与数词句法特征的关联

满语数词形态句法特征与名词和形容词两类范畴相关，其功能常在形容词和名词之间摆动。在满语中，名词和形容词之间的区别在通常情况下是明确的。名词具有格形态变化，形容词主要限定修饰语，可以确定名词句法特征原型与形容词句法特征原型的相关标准。数词位于这两个原型的中间位置，难以确定一个典型原型界限。若从数词认知来源概念理解，则大概可以解释满语数词语法范畴的形态和句法特点。

观察满语基本数词语义起源，满语 10 以内的小数词来源于名词，由名词向数词发展，因此具有较多的名词特征。从构成结构观察，"10"以上的数词结构为乘法结构居多，其中可将被乘数视为名词，乘数视为名词修饰语，命题性结构构成的大数词具有较多的形容词特征。

满语数词体系中 5 来源于"单手"，10 来源于"双手"，或许由于人类对"双手"的感知比"单手"大，因此是数字"10"而非"5"成为最重要的基点，10 进制计数法开始普遍采用。跨语言调查结果亦显示出以"10"为基本数的语言要比以"5"为基本数的多。①如同满语复合数词亦存在大数词先于小数词组合的倾向，例如 emu minggan uyun tanggū dehi uyun "1949" 以 1000、900、40、9 从大到小的顺序表达。对此，Greenberg（1978：274）和 Stampe（1976：603）解释为根据由大到小的配列把旧信息置于新信息前面，是基于使交际满足有效性要求的认知原理。

---

① 一般而言，基本数是在计数活动中重新开始计数的结点数。

第 4 章

满语空间定位概念认知起源建构

空间方位概念系统由直示方位系统和基本方位系统构成，满语通过系列方位词表达这两种定位概念系统。满语空间方位概念系统的建立基于满语族群对空间方位的认知来源，构建满语空间方位系统的认知模型可以重建满语族群认知空间方位的思维过程。本章分析满语方位词构成结构和词源信息，重建满语空间方位概念起源，探讨满语空间定位模式，建构满语空间方位系统起源概念的认知模型即满语族群认知空间方位的来源模型。

4.1 满语空间定位模式

满语空间定位模式由两类系统构成，即直示方位系统和基本方位系统。直示方位系统为表示"上""下""前""后""中""左""右"的概念系统，基本方位系统为表示"东""西""南""北"的概念系统。本节对表达两种定位模式系统的方位词进行词源信息分析，重建其方位意义的概念来源，为接下来建构满语空间方位系统起源概念的认知模型提供认知分析基础。

4.1.1　直示方位系统

直示方位系统为"上""下""前""后""中""左""右"的概念系统，下面对表达该方位概念的方位词进行词源信息分析，重建其方位意义的概念来源。

4.1.1.1　直示方位"上"的词源语义

满语表示"上"的方位词有 dergi[①]、dergingge、dele、delesi和wesihun。[②]

1. dergi、dergingge、dele、delesi

比较分析 dergi、dergingge、dele、delesi 的形态结构，可知 de- 为满语表达"上"的词根语素，下面依次观察和分析 dergi、dergingge、dele、delesi的语义，以探讨词根 de- 的早期语义。

（4－1）

dergi "上；东；左；那边；上等的；高（封谥等用语）"

dergingge "上面的；东边的；右边的"

dele "上面"

delesi "向上"

在 4 个方位词中，dergi 和 dergingge 具有多义性方位语义。dergi 指代

---

① 本章满语为穆麟德满文罗马字转写标注，女真语等语言采用国际音标标注。满语词语及其语义和例句出处参见胡增益：《新满汉大词典》，新疆人民出版社 1994 年版；女真语词语及其语义出处参见金启孮：《女真文辞典》，文物出版社 1984 年版。

② 满语表达"上"语义的词还有 oilori、oilo、ninggu 等。oilori、oilo 的基本义为"表面、外面、浮面、外表"，其表达"上"的语义来源于"物体表面的上面"，如，mukei oilori "水面"强调表面和外表，ninggu 语义"上头、顶端"强调位于某物体的"上面"，因此不属于我们讨论的直示空间方位词。

方位语义为"上""东"和"左"。dergingge 是在 dergi 之后附加构词语素 -ngge 派生而来的。两者语义对比，dergingge 除具有与 dergi 相同的"上"和"东"语义外，dergi 的"左"语义在派生词 dergingge 中转为"右"语义，如 dergingge jijuhan i arbun "右卦象"（《易经》），该问题我们稍后再做分析解释。

在语义派生过程中，语义增加是其变化的重要结果之一。dele 和 delesi 的空间方位意义仅为"上"，未表示"东"或"左"，由此可判断"上"是词根 de- 的早期基本语义。

关于 de- 的语义来源，有学者考察女真语中无 dergi、dele 等以 de- 为词根的方位词，认为满语 dergi "上"借自蒙古语"上"的方位概念词根 dege-，来源于语义"高"。满语方位词词根 de- 是在蒙古语 dege "高、高阜"的基础上形成的，满语 den "高"是蒙古语 dege 的后继形式。[①] 还有学者根据金启孮的《女真文辞典》中所收录的 dəgə "高"，如 dəgə mafa "高祖"，认为满语 dergi "上"的释义有可能由 den "高"的词义自然引申出来，推测满语 den "高"词根继承了女真语 dəgə "高"。[②]

比较女真语 dəgə "高"和满语 den "高"，其语义相同，语音相似，可确定具有同源关系。分析满语 den "高"、deken "高一些"及女真语 dəgə "高"，可知 de- 为表示"高"语义的词根，其在形式上与表示"上"的词根 de- 完全相同。结合蒙古语表示"上"的方位概念词根是 dege-，可知"上"和"高"具有相同的概念来源。词汇语义发展的一般认知逻辑为抽象概念源于具象概念。方位概念的具象性高于抽象概念。"上"和"高"均为抽象性地表达相对意义的概念，"高"语义概念来源于"上"的可能性大于"上"来源于"高"。比较女真语 dəgə "高"、满语 den "高"和蒙古语 dege- "上"，若女真语 dəgə "高"借自蒙古语，则 dege- 表示"上"的概念先于表示"高"的概念。因此，具有同源关系的满语和女真

---

① 吴宝柱：《满语方位词词根辨析》，载《满语研究》1994 年第 2 期，第 31～32 页。
② 时妍：《满语方位词汇文化语义探析》，载《满语研究》2015 年第 2 期，第 114 页。

语"高"的语义概念来源于"上"，方位词词根 de-"上"是满语 den "高"的语义来源，而不是相反。

dele 语音形式与满语 dere"脸"语音接近，仅为词中辅音 l 与 r 的区别。满语词中辅音 l 与 r 发生交替而不区别语义的同义词较为常见，例如：

（4-2）

gūlgin/gūrgin "火焰"

buduli-mbi/buduri-mbi "马失前蹄"

colga-mbi/curgi-mbi "喧哗"

jalbalira-mbi/jalbari-mbi "祈祷"

jiramila-mbi/jiramira-mbi "增强"

bula-mbi/bura-mbi "浇水，酿造"

bulgiyen/burgiyen "咨嗇，袄面"

hayalja-mbi/hayarla-mbi "（爬行动物）摆尾"

可以推测，dele 与 dere 早期互为同义词。dere 除了表达"脸"亦表达"方向"，如，duin dere "四面"。dere 表达"方向"与 dele 表达"上面"具有方位语义联系。前文比较 dele、delesi、dergi、dergingge 的结构，分析出 de- 为满语表达"上"的词根语素，词根 de- 在 dere 的基础上发展而来，词源语义为"脸"。

综上所述，我们认为，满语基本方位 dele "上"语义是在身体词语 dere "脸"的基础上继承发展而来的。具有词根 de- 的方位词 dergi "上"是 den "高"的语义来源。"高"是一个相对概念，具有抽象性，由于形容词性抽象概念来源于具象概念，因此并非"上"来源于"高"，而是"高"来源于"上"的语义概念。词根 de- 的早期语义"脸"在满语中发展为直示方位概念"上"，并扩展为基本方位概念"东"（扩展至"东"的详细分析见本章 4.1.2.1）和抽象概念"高"，其语义演变过程见图 4-1：

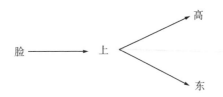

图 4 - 1　满语直示方位"上"的语义演变过程

　　早期词根 *de- 形式在女真语和满语中具有不同的语音和语义发展，*de-的早期语义"脸"在满语中发展出直示方位概念"上"，继续扩展到空间方位概念"东"和抽象概念"高"。在女真语中并未发展出表示空间方位的定位概念，而仅衍生出语义"高"。

　　2. wesihun

　　满语 wesihun 表示语义"上"和"东"。满语方位词中，一词表达多个方位语义的现象十分常见，探讨多义词词源首先需要确定基本意义，其他方位语义由基本意义扩展而来，wesihun 的多义性实例如句（4 - 3）所示：

（4 - 3）

a. wesihun　te-mbi.

　　上　　　坐-PRS

　　往上坐。

b. fu hi　han-ci　wesihun　　gemu　hergen　bithe　akū　　damu

　　伏羲　汗-ABL　上　　　皆　　字　　书　　无　　只

　　nirugan　jijun　bi.

　　画　　图　　有

　　自伏羲以上，皆无文字，只有图画。（《易经》）

c. dogo   niyalma wesihun se-ci   wesihun gene-me   amasi
   盲   人   东   说-COND   东   走-SIM   西

se-ci   amasi gene-me.
说-COND   西   走-SIM

说东，就往东走，说西，就往西走。

女真语表示"上"方位概念的词有 wəʃi 及 wəgi。比较女真语 wəʃi 与满语 wesi-，语音、语义具有同一性，两者具有同源联系。根据女真语向满语发展的历史过程，满语 wesi- 语音和语义均继承自女真语。从例句（4 – 4）观察到，女真语 wəʃi 与满语 wesi- 表达"上"概念具有语用相似性。wesihun 在语句中表达"河的上游"意义频率较高，推知其"上"语义来源于"河流上游"，经过引申逐渐用以指代河流"向上流"的方向。

（4 – 4）

a. 满语

ere   cohome eyen-i   wesihun juwe-me
DEM. PROX   正是   流-GEN   上   运-SIM

isi-bu-re-de   bai-bu-re   hūda adali
至-CAUS-PRS. NMLZ-DAT   得-CAUS-PRS. PART   价格 相同

akū-ci   banjina-ha-ngge.
NEG-ABL   产生-PAST-NMLZ

这是因为逆流而上，运费不同而产生的。（《新满汉大词典》）

b. 女真语

dʒotʃəgin wəʃi gədən diun tuti-məi   əriə xusun.
边境   上   去   来   出-PRS. NMLZ   气   力

边境上往来出气力。

参考满 – 通古斯语言的其他语例，可知 wesihun 还表达"上游"语义，因此，wesihun 为河流"向上流"的方向，wesihun 表达"上"语义来源于河流的上游。wesihun 中的"东"的语义来源于"上"，即 wesihun 表达"东"的语义来源于"河流上游"的方向。

综上分析，满语直示方位"上"的概念来源为"脸"和"河流上游"。

4.1.1.2　直示方位"下"的词源语义

满语表示"下"语义的方位词有 fejergi、fejergingge、fejile、fusihūn、wasihūn、wargi、wala。

1. fejergi、fejergingge、fejile

比较 fejergi、fejergingge、fejile 语素构成，分析出"下"语义的词根为 feje/feji。女真语"下"的语音形式为 fedʒilə，与满语 fejile 具有传承性，可知 fejile 是满语表达"下"语义的早期形式，feji- 为表达"下"的早期词根语素。满语中与之语音形式相似的词语和例句见（4-5）和（4-6）：

（4-5）

fajukū "肛门"

ura fajukū "屁股"

fefe "女性外生殖器，阴门"

fijire-mbi "擦着地面飞去，（贴地面）擦过去"

huju-mbi "俯伏，趴在地上"

（4-6）

a. fijire-me   gabta-mbi.

　擦地面-SIM 射-PRS

　挨擦地面平射。

b. fu-i   hošo-de somi-me huju-fi

　墙-GEN   角-DAT   躲-SIM   趴-SEQ

躲伏在墙角。

（困伏墙隅。）（《择翻聊斋志异》）

c. morin-ci   ebu-fi   jugūn-i   dalba-de   huju-fi   songgo-ro-de
　　马-ABL　　下-SEQ　　路-GEN　　侧-DAT　　俯-SEQ　　哭-PRS. NMLZ-DAT

下了马，在路旁伏身正哭的时候……

（下马哭伏道……）（《择翻聊斋志异》）

观察上面例词的形式和意义，推知 feji-"下"语义可能来源于"肛门""屁股"或"地面"。

2. wala、wargi、wasihūn、fusihūn

从 wala、wargi、wasihūn、fusihūn 分析出"下"的词根为 wa/fu。满语中与之语音相近的词有 ba"地面"和 falan"屋内的地"，两者同时引申为"场所、地方"。falan 一词中的 -lan 为名词构词语素。

（4 – 7）

waka"非" ＞ waka-lan"过错"

ciha"喜爱" ＞ ciha-lan"嗜好"

参考例（4 – 7）中例词的构成，分析 falan 的来源为 fa ＞ fa-lan "地"，fa 是承载语义"地"的词根语素。阿尔泰语言具有词首辅音 *p ＞ f ＞ h ＞ ø 与 *p ＞ b ＞ m 的语音发展规律，该语音发展变化导致了满语 f/b/w 的辅音交替现象，例如：olbihiyan/olfihiyan "没耐性的"。因此，词根 wa 的早期语义与 ba、fa 同为"地面"。语音形式 fa 与其他满–通古斯语"下"的语音形式相近，具有同源关系，符合阿尔泰语言的发展规律。[①]

wasihūn 除了表达方位"下"，还具有"下游"的具象语义，可知

---

① 女真语：fedʒi-，赫哲语：xərki-le，鄂温克语：əggi-，鄂伦春语：ərgi-、ədʒi-ləə（下游），满语：fejergi eyen（下游），fejergi ergi（下边、下游）。

wasihūn 中 "下" 语义来源于 "河流下游" 的方向。

综上分析，满语直示方位 "下" 的语义来源为 "地面"、"屁股/肛门" 和 "河流下游"。

4.1.1.3　直示方位"前"的词源语义

满语表示 "前" 的词有 julergi、juleri、julesi、julergingge。分析比较各词结构，得知 jule- 为表示 "前" 语义的词根。吴宝柱认为满语中 jule 一词中元音 ə 在女真语时期就已基本形成，如 dʒul-lə "前"、dʒul-ə sə "比先" 等。元音 ə 的产生与满 – 通古斯共同语的位置格 -lə（-ləə）有关，是 dʒul- 与位置格 -lə 长期融合产生的结果。[①] 我们同意这一观点，满语表达 "前" 语义的词根为 jul- ，与之具有语音关联的词分析如下。

（4 – 8）

jul-kun "（人和动物的）嗓窝，马骡等胸膛上面的部分"

jol-hoco-mbi "向前""胸""频频前冲、挺胸而进"

tu-lu "（马骡等牲畜的）前胸、胸脯"

ul-ku-me "（马鞍的）攀胸（为了固定鞍子拉在马胸前的皮带）"

tu-nggen "胸、胸脯"

比较例（4 – 8）中例词的词根语义，jul- 用于指代 "（人和动物的）嗓窝" 和 "马骡等胸膛上面的部分"，jol- 则同时具有 "向前" 和 "胸" 的意义。可确定满语 jul-"前" 语义来源于人或马骡等动物的 "嗓窝" 和 "胸"。

4.1.1.4　直示方位"后"的词源语义

满语表示 "后" 的词有 amala、amasi、amargi，分析比较可知 ama- 为

---

① 吴宝柱：《满语方位词附加成分辨析》，载《满语研究》1996 年第 2 期，第 21 ~ 25 页。

"后"语义的词根。女真语"后"的语音形式为 amulu，词根为 amu-。amu 在发展过程中受元音和谐规律影响发生顺同化现象，在满语阶段发展为 ama，amu 为"后"语义的早期词根。amu 在《御制清文鉴》中解释为：

ulgiyani duhade latume banjiha cilcini adali golmikan ninggebe amu sembi erebe hūjiri jergi jaka suwaliyaganjame ucufi inu dere oborode baitalambi.

"贴着猪的肠子生长的像肉核一样的略长的东西。将之与碱等物混合，可用于洗脸（俗称胰子）。"

《新满汉大词典》中 amu 的语义解释为"胰（脏）"。根据辞典释义，amu 为指称位于猪体靠近肠子的后部的器官。满语 ama- 词源语义为"胰脏"，经由位于动物身体"后"部的器官指代"后"的方位概念。

4.1.1.5 直示方位"中"的词源语义

满语表示"中"的词有 dolo、dolori、dorgi[①]。比较 dolo、dolori、dorgi 三个形式，可分析出表示"中、内"语义的词根为 do-。参考满－通古斯语族语言"中"的形式，赫哲语为 do-，鄂温克语为 dɔc-，鄂伦春语为 dɔc-，女真语为 dolo-，确知表达"中、内"语义的早期词根为 do-，满语 dolo 为早期形式。除了表达"中"之外，dolo 还具有"肚子、腹部、心"语义，dolori 具有"心中、内心"语义，dorgi 具有"心里"语义，见例句（4-9）。满语名词 du 语义为"内脏"，与词根 do- 同源。因此，满语直示方位"中"概念来源为"内脏""心""腹"等位于身体中心部位的器官。

---

① 满语表达"中"语义的词还有 dulimba、siden，dulimba 由 dulin"一半"和 ba"地方"合成而来，语义"一半的地方"为"中"，siden"中间"语义来源于其基本义"缝隙、空隙"，故此二词不属于我们讨论的直示空间方位词。

(4－9)

a. <u>dolo</u> gosi-mbi.

 肚子 饿-PRS

 <u>肚子</u>饿。

b. <u>dolo</u> ping se-mbi.

 肚子 膨胀 AUX-PRS

 <u>腹</u>胀不想吃东西。

c. <u>dolori</u> ini arga-de dosi-ka seme urgunje-me.

 心 3SG. GEN 计-DAT 入-PAST COMP 高兴-SIM

 <u>心</u>中暗喜以为中计。(《三国志演义》)

d. <u>dolori</u> šurge-mbi.

 心 颤抖-PRS

 <u>心</u>悸。

e. bi <u>dorgi-deri</u> ali-me gai-mbi.

 1SG 心-PRL 受-SIM 取-PRS

 我甘<u>心</u>领受。(《重刻清文虚字指南编》)

f. <u>dorgi</u> efuje-fi senggi fuda-mbi.

 内 损坏-SEQ 血 吐-PRS

 <u>内</u>损吐血。

g. bi tede ala-ha-kū tetele mini <u>dolo</u> kemuni

 1SG 3SG. DAT 告诉-PAST-NEG 至今 1SG. GEN 肚 尚

 majige sersen sarsan nime-mbi.

 稍微 隐隐地 疼-PRS

 我没有对他说，我<u>肚</u>里至今还有些隐隐地痛。(《金瓶梅》)

h. taci-re urse aikabade abka-i banin getuken šuwe

 学-PRS. PART 人 如果 天-GEN 性 清楚 豁达

 tunggin-i dorgi sure hafu o-ci jaka-de

 胸-GEN 内 聪明 通 AUX-COND 东西-DAT

tunggala-bu-me gemu <u>dolori</u> ulhi-re babi.

遇-CAUS-SIM 皆 心 清楚-PRS. PART 有

学者要天机清澈，胸次玲珑，触物皆有<u>会心</u>处。（《菜根谭》）

i. <u>dolori</u> ulhi-he.

心 清楚-PAST

<u>心</u>中明白。

j. <u>dolori</u> gūni-mbi.

心 想-PRS

<u>心</u>中暗想。

k. uttu se-he-be donji-re jakade

这样 说-PAST. NMLZ-ACC 听-PRS. PART 因为

esi seci ojorakū <u>dolori</u>-de sela-habi.

不由得 心-DAT 舒畅-TAM

听见这样一说，不由得<u>心</u>里畅快。（《重刻清文虚字指南编》）

综上所述，满语直示方位"中"语义来源为"内脏""心""腹"等身体中心器官。

4.1.1.6 直示方位"左"和"右"的词源语义

"左"与"右"是一对相对概念，在满语中的表现形式具有对称性。满语表示"左"的词有 dergi、hashū、hasutai、dashūwan、dzo。其中 dzo 借用汉语形式不做讨论。满语表示"右"的词有 ici、icitai、wargi、jebele。

1. dergi 和 wargi

dergi "东"所具"左"语义表现在特定词组中，例如 dergi ashan i duka "左翼门（太和殿左向东之门）"，其中的"左"语义由"东"语义引申而来。

wargi "西"在词组例如 wargi ashan "右侧，右翼"、wargi ashan i duka "右翼门（太和殿右向西之门）"中具有"右"语义，与 dergi "东"具有

"左"语义相似，由"西"语义引申而来。

满语"东左西右"源于基于自身视角的基本方位概念。满语 dergingge 由 dergi 附加构词语素 -ngge 派生而来，除具有与 dergi 相同的语义"上"和"东"之外，dergi 表达的"左"语义在派生词dergingge中表达"右"语义，如 dergingge jijuhan i arbun"右卦象"（《易经》）。由此可见，"左"与"右"的概念是相对的，可以根据自身视角的变化而发生认知转换。

2. hashū/hasutai 和 ici/icitai

hashū 语义为"左，左边，左方"，hasutai 语义为"左边的，左手的，左撇儿的"，如例（4－10）所示。

（4－10）

hashū ergi

左边，左翼

hashū ergi dulimba i jugūn

左翼中路

hashū ergi fiyenten

左司

tawa-ci	sini	hasutai	gabta-ra-ngge	elemangga	narhūn	da
看-COND	2SG. GEN	左	射-PRS-NMLZ	反而	仔细	根

tolo-me	goi-mbi.
数-SIM	击中-PRS

看你这个左撇子，射得倒仔细，箭箭中。（《清语问答四十条》）

比较 hashū 和 hasutai 的结构，可分析出表示"左"的词根语素 hasu-。比较 ici 和 icitai 的结构，可分析出表示"右"的词根语素 ici- 。比较分析 hasutai"左"与 icitai"右"，将形态结构分析为：

hasu-ta-i"左"／ici-ta-i"右"

hasu-ta-i 由词根 hasu- 附加词缀 -ta 和 -i 派生而来，ici-ta-i 由词根 ici-

附加词缀 -ta 和 -i 派生而来，其中 -ta 表示一种经常性的行为，-i 是属格标记，表示工具意义。

hasutai 语义为"经常使用左手的"，排除 -ta 和 -i 的意义，推知 hasu 词源语义为"左手"。icitai 语义为"右手射箭的，习惯用右手，右手射（箭）"，推知 ici 词源语义为"右手"和"射箭的手"。

hashū 和 ici 指代"左""右"方向时，需在其后搭配 ergi"边，侧"形成 hashū ergi 和 ici ergi 结构，如例（4-11）所示：

（4-11）

a. ici ergi yasai hūntahan-i dolo   jabu-me   muse sasa majige saraša-me
    右侧   眼   眶-GEN   中   答-SIM   1PL 同   稍微   游-SIM

    yabu-fi   ere   gingka-ha   ba-be   tookabu-ci
    行-SEQ   DEM. PROX 烦闷-PAST. PART 地方-ACC   排除-COND

    aca-mbi   se-he-be   donji-ha.
    应该-PRS   说-PAST. NMLZ-ACC 听-PAST

    （听到）右目中应曰，可同小遨游，出此闷气。（《择翻聊斋志异》）

b. gu jiyan siyun   mukšan   jafa-fi   cen ši-i   fisa   ici ergi
    郭建勋   棍   持-SEQ   陈氏-GEN 背   右 侧

    ebci-be   tanta-me koro ara-ha-de   jai inenggi buce-hebi.
    肋-ACC   打-SIM 伤   做-PAST. NMLZ-DAT 再 日   死-TAM

    郭建勋持棍打伤陈氏的背和右肋，以至第二天死去。（《新满汉大词典》）

c. hashū ergi
    左边，左翼

ergi 在复合方位词中，其前多出现表示具体意义的名词，如 antu ergi "山阳面"，meifen ergi "脖子侧"。因此 hashū 和 ici 来源于具体事物"左手"和"右手"具有较大的可能性。

3. dashūwan 和 jebele

满语词语 dashūwan gala "左翼" 和 jebele gala "右翼" 中蕴含了"左""右"语义。

dashūwan 基本义为"弓靫",在词语"左翼"中引申为"左",例如:

(4-12)

dashūwan i gala

左翼东噶喇

dashūwan gala i cooha

左翼兵

dashūwan gala i adun i kūwaran

左翼牧厂

dashūwan 从基本义"弓靫"引申为具有"左"的语义,推测由拉弓使用的手的方向引申而来。

jebele 表示的"右"语义体现在词组和构词中,例如:

(4-13)

jebele ergi　　右侧

jebele gala　　右翼(指正黄、正红、镶红、镶蓝四旗)

jebeletu　　　右军(军营内有中军、左军、右军之分)

jebele 基本义为"撒袋,箭壶,箭囊,箭筒",推测其在 jebele gala "右翼"所具"右"语义由背箭筒使用的手的方向引申而来。据此推断满语 dashūwan 和 jebele 具有"左""右"语义由"左配弓袋,右背箭筒"的社会文化习惯衍生而来，其语义扩展基于满族军事文化认知模式。

综上分析，我们认为满语直示方位概念"左"来源于"左手"或"拉弓的手"，"右"来源于"右手"或"射箭的手"。

4.1.2　基本方位系统

满语基本方位系统为表达"东""西""南""北"的概念系统。在满语中，基本方位"东""西""南""北"与直示方位"上""下""前""后"采用同一词来表示，表明基本方位与直示方位具有关联性，两个方位系统或者具有共同的来源概念，或者其中一个方位系统为另一个的概念来源基础。下面通过探讨方位词的基本语义和派生语义以明确基本方位系统的概念来源。

4.1.2.1　基本方位"东"的词源语义

满语表示"东"语义的词有 dergi、wesihun，二者还表达"上"的概念。比较 dergi"上、东、左"、dergingge"上面的、东边的、右边的"、dele"上面"、delesi"向上"结构，确定 de- 为其共同词根。dergi 指代方位语义"上"、"东"和"左"，dele 和 delesi 表达的空间概念仅为语义"上"。词汇派生过程中，语义增加是词汇变化的重要结果之一，因此词根 de- 的基本语义为"上"，派生语义为"东"。

满语 wesihun 继承自女真语 wəʃi，女真语 wəʃi 仅表示"上"不表示"东"，可知满语 wesihun"上"和"东"两个语义中，"上"继承自女真语，为基本语义，"东"是派生语义。综上分析，满语基本方位概念"东"源自直示方位概念"上"。直示方位"上"的概念来源在 4.1.1.1 中已做分析，dergi 词源来源为 dere"脸"，wesihun 词源为"河流上游"，语义演变过程如图 4-2 所示：

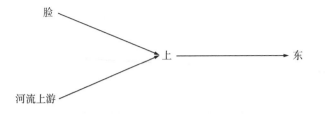

图 4 – 2 满语基本方位"东"的语义演变过程

4.1.2.2 基本方位"西"的词源语义

满语表示"西"语义的词有 wargi、wasihūn、fusihūn，三词还表示"下"的概念。比较 wargi"西、下、右"和 wasihūn"向西、向下"，wasihūn 中 wasi- 具有"向西、向下"语义由表达方向性构词语素 si 赋予，可分析出表达"西、下"的词根语素为 wa。wasihūn 派生新词时以"下"语义作为词根语义，例如 wasi-"下" > wasi-mbi"从高处下、降落、衰落"。因此，词根 wa 的基本语义为"下"，派生语义为"西"。

在女真语中，表示"西"基本方位的词是 furilə、furiʃi①，词根为 furi- ，与满语 fusi-、wa- 具有同源性。满语 fusihūn"下"可与女真语表示"西"的词根 furi- 比较，仅为第二音节清擦音 s 与浊颤音 r 的区别。比较女真语 furi-"西"与满语 wargi"西、下"，说明女真语和满语中语义"西"与"下"具有的密切关联性。wargi 的空间多义性或从"下游"派生出"西"的空间方位概念。

满语基本方位"西"来源于直示方位概念"下"。直示方位"下"在 4.1.1.2 中已做分析，其概念来源是"地面"、"屁股/肛门"及"河流下游"，满语基本方位"西"的语义演变过程如图 4 – 3 所示：

---

① 金启孮：《女真文辞典》，文物出版社 1984 年版，第 16 页。

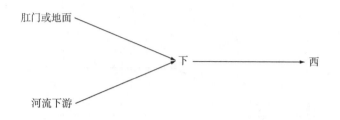

图 4 - 3　满语基本方位"西"的语义演变过程

4.1.2.3　基本方位"南"的词源语义

　　满语表示"南"语义的词有 julergi、julergingge、julesi、juleri，这些词还表示"前"的概念。女真语和满语表示"前"的语音形式相同，但是满语 jule-"前"还用于指代"南"，而女真语 dʒulə"前"还用于指代"东"，女真语表示方位概念"南"的词为 fanti。可见，词根 jul 基本语义为"前"，派生语义为"南"或"东"，满语基本方位"南"和女真语基本方位"东"的词源语义来源于直示方位概念"前"。"前"的概念来源在 4.1.1.3 中已做分析，jul 词根语义为"人或马骡等动物的胸"，由动物身体"前面"的胸膛指代"前"的意义，之后直示方位"前"派生发展为基本方位"南"，语义演变过程为"胸/嗓窝→前→南"。

4.1.2.4　基本方位"北"的词源语义

　　满语表示"北"语义的词有 amargi、amasi、aru。其中 amargi 和 amasi 还表示"后"，aru 还表示"里面"。

　　满语词根 ama 与女真语 amulu"后"同源，因此，词根 ama 的基本义为"后"，派生语义为"北"。但是女真语未采用 amulu"后"的形式指代"北"，其表示"北"的词为 uliti/uliə。与 4.1.2.1"东"和"上"与 4.1.2.3"南"和"前"的语义分析方式和语义演变相同，满语基本方位"北"的词源语义来源于直示方位概念"后"。"后"的概念来源在 4.1.1.4 中已做分析，*amu 词根语义为"胰（脏）"，指位于猪体靠近肠子的后部的器官，早期词根 *amu 由动物身体"后面部分"的器官指代"后"的意义，之后语义从直示方位概念"后"派生发展出基本方位概念"北"，其语义演变过程为"胰脏→后→北"。

aru 除具"北"的方位语义外，还表示"里边，里侧"的语义。aru 与 amu 语音相似并具有相同的语义来源即"胰脏"。器官"胰脏"既处于身体的"后面"，同样处于身体的"里边"。"胰脏"位于动物身体"后面"部位派生出"后"的方位意义，胰脏位于动物身体的"里面"派生出"里、中"的方位意义，之后从直示方位"后"和"中、里"派生出空间方位概念"北"。"北"的语义演变过程如图4-4所示：

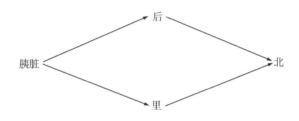

图4-4 满语基本方位"北"的语义演变过程

4.2 满语空间方位系统起源概念的认知模型

4.2.1 满语直示方位认知模型

本章4.1.1中我们分析追溯了满语直示方位的方位词词源语义，将满语直示方位词的来源语义重建，见表4-1。

表4-1　直示方位概念来源

直示方位	方位词	词源
前	julergi	人、马骡等动物的"胸"/嗓窝
后	amargi	猪体靠近肠子的后部的器官"胰（脏）"
上	dergi	脸
	wesihun	河流上游
下	fejergi、fejile	地面、屁股/肛门
	wargi、wala、fusihūn	地面
	wasihūn	地面/河流下游
中	dolo、dolori、dorgi	内脏、心、腹
左	hashū、hasutai	左手/拉弓的手
	dashūwan	弓靫
	dergi	东
右	ici、icitai	右手/射箭的手
	jebele	箭壶
	wargi	西

基于表4-1直示方位词词源语义的重构结果，将满语直示方位系统认知来源模型建构为动物身体模型和地标模型。

1. **动物身体模型**

满语直示方位概念"前""后""上""下""中"的认知来源分别基于"人或马骡等动物的胸/嗓窝""猪体后部的胰脏""脸""屁股/肛门""内脏/心/腹"等动物的身体器官和身体部位。"左"和"右"的概念以人类的"手"的方向作为方位认知来源。因此，动物身体形态是满语建构直示方位系统的主要认知模型，见图4-5。

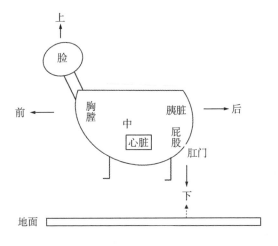

图 4 – 5　动物身体模型

2. 地标模型

满语直示方位概念"上"和"下"的另一来源为"河流上游"与"河流下游",表明满语直示方位以江、河等显著地理标志作为认知参照模型。我们将满语直示方位来源模型建构为地标模型,地标为"江河",河水流动的方向是"向上"或"向下"为直示方位的认知来源。

Brown (1983) 根据地标的空间方位,归纳出江河、山及岩石、海和陆地、树木及其他植被特性等,包含上游、下游概念在内的环境特有性质的地标来源模型。[①] 满语空间方位概念来源于河流上下游,表明满语族群生存的地理环境中江河为地标性的地理存在,其特有性质显著于其他环境特性,故而将江河流向作为特定地理方位的显著参照点进行方位的认知。

满语建构直示方位的来源领域中,动物身体模型是直示方位的最为重要的来源模型,同时以河流等地理特征突出的地标作为补充模型。

---

① Cecil H. Brown, "Where do cardinal direction terms come from?", *Anthropological Linguistics*, Vol. 25, No. 2, 1983, p. 138.

4.2.2 满语基本方位认知模型

根据本章4.1.2分析得出的满语基本方位词词源语义信息，我们将基本方位概念来源重建，见表4-2。

表4-2 基本方位概念来源

基本方位	方位词	词源
东	dergi	上
	wesihun	河流上游
西	wargi	下
	wasihūn	河流下游
南	julergi	前
北	amargi	后
	aru	中/里

基于表4-2基本方位概念方位词词源语义的重构结果，将满语基本方位系统认知来源模型建构为直示方位模型和地标模型。

1. 直示方位模型

满语基本方位基于直示方位模型得以建构。满语直示方位概念"上""下""前""后"和基本方位概念"东""西""南""北"采用相同的形式，与人类认知方位的方式相关。早期人类以自我存在为中心辨别和感知方位，首先感知到的是与自身存在紧密联系的直示方位概念"上""下""前""后"，因而直示方位模型易于成为"东西南北"基本方位的来源模型，反之则不易成立。基于直示方位模式的基本方位来源模型见图4-6。

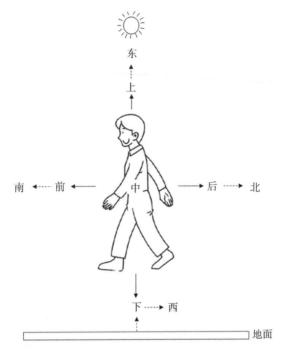

图 4－6　基于直示方位模式的基本方位来源模型

2. 地标模型

基本方位"东""西"定位来源于河水流动的方向，基于地标模型中的显著地标模式。满语族群通过江河的流向认知方位，用"上流"和"下流"认知直示方位"上"和"下"，用"东流"和"西流"识别基本方位"东"和"西"。地理标志"江河"作为地标模型是满语建构基本方位概念的认知模型。满语基本方位来源于河流上下游，表明在满语族群生存的地理环境中，江河的特有性质显著于其他环境特性，河流是地标性的地理存在，将河流作为地理的特定方位参照点具有显著性。

在满语建构空间方位系统的来源模型中，直示方位概念的主要认知模型为动物身体模型，直示方位系统自身又成为基本方位系统的主要来源模型。江河等地理特征突出的地标模型既是直示方位同时也是基本方位的认知来源模型。

4.2.3 直示方位系统和基本方位系统的关联性

在本章4.2.1和4.2.2中我们明确了满语直示方位系统认知来源基于动物身体模型和地标模型，满语基本方位系统来源基于直示方位模型和地标模型。直示方位系统是基本方位系统的概念来源认知模型，反之则不成立。地标模型是直示方位和基本方位两个方位系统共同的来源认知模型。可见，直示方位和基本方位两种类型的空间方位系统之间存在相关性，下面尝试阐释两个方位系统的内在关联。

首先，我们认为满语直示方位和基本方位的连接与太阳位置相关。满语"上"表达"东"，"下"表达"西"与日出日落的太阳位置有关，这是由于东西方向为日出日落的自然规律方向，满语通过太阳移动及位置将直示方位转喻为基本方位，直示方位概念向基本方位概念的扩展来源于太阳位置（见图4-6）。Brown（1983）调查了世界上127种语言，尝试阐明基本方位表现概念的来源领域。他指出，在基本方位概念的来源中，太阳的移动及位置是最主要模型（占57.2%），直示方位是第二个重要来源（占20.1%），风向及地标（依据上流、下流等环境特性）分别为9.2%。[①]由此可见，太阳模型是基本方位概念的最主要模型。满语通过太阳位置将直示方位"上""下"与基本方位"东""西"连接。

其次，地标模型是直示方位和基本方位两个系统都能使用的来源认知模型，可见，环境特有的性质对两个系统的来源都很重要。满语"上""下"与"东""西"相关联的现象，除了上述太阳模型的理由，同样是受到地理环境的地标模式影响的结果。在满－通古斯语族语言中，赫哲语表达"东"的形式为ədʒilə/əiki/əki/həki，那乃语表达"下游"的形式为xədʒiə，埃文基语及奥罗奇语表达"下流"的形式为əjəəkii，"东"与

---

① Cecil H. Brown，"Where do cardinal direction terms come from?"，*Anthropological Linguistics* Vol. 25，No. 2，1983，p. 136.

"河流下游"同源。同样这些语言中"西"词源为"河流上游"。推测流经该地域的阿穆尔河（黑龙江）及松花江自西向东流。[①] 与此类似，满族从生存的地域环境观察到的显著地理标志为江河，该地标的地势东高西低，其河流的上游方向为东，下游方向为西。

再次，人类以自我存在为中心辨别和感知方位，因此满语基本方位"东""西""南""北"的来源之一以"上""下""前""后"作为基本参照点进行认知，其结果为直示方位系统成为"东西南北"基本方位系统的来源认知模型。根据跨语言观察，"东""西"和"前""后"之间存在相关性较为普遍。"后"易于成为"西"的模型，不易成为"东"的模型。"前"易于成为"东"的模型，不易成为"西"的模型。对此，Brown（1983）解释为"对人类来说，基本的人类方向是以东西为轴（中略），通常东向比西向更受欢迎。因为东是太阳升起的方向，吸引了人类更多的关注"。Brown 观察到各语言"北""南"的形式多与"上""下"相关。"上指代北"和"下指代南"的比例为 7∶1，即"上"指代"北"的概率是"下"指代"南"的 7 倍，这种喜好甚至超越了文化间的差异。[②] 由此可见，满语"上"成为"东"的模型，"下"成为"西"的模型，"东""西"与"上""下"之间相关联体现了满语族群认知基本方位所具有的思维特性。

最后，直示方位系统和空间方位系统的关联性是以直示方位及地标模型（来源领域）向基本方位（目标领域）进行概念扩展带来的。基本方位的概念并非直接来源于动物身体模型，而是通过转喻认知机制完成从直示方位系统到基本方位系统的投射。因此，扩展过程是阶段性而非连续性的。在语言中呈现为方位词的多义现象，即某个语言形式同时指代来源领域和目标领域。例如满语 dergi 形式根据不同上下文环境指代来源领域的

---

① 風間伸次郎：『ツングースの方位名称について』，北海道立北方民族博物館研究紀要第6号，1997：113～114。

② Cecil H. Brown，"Where do cardinal direction terms come from?"，*Anthropological Linguistics* Vol. 25，No. 2，1983，p. 132.

"上"和目标领域的"东"。这种现象表明从来源领域向目标领域转喻扩展过程中生成了非连续性语言结构，导致满语方位词同时具有来源意义和目标意义。从直示方位派生基本方位概念受到多方面因素的影响，例如具有同源传承关系的女真语和满语表达"前"和"后"的语音形式相同，然而其在派生基本方位概念时发生了不同的演变结果：满语 jule-"前"表示"南"，女真语"南"为 fanti，而 dʒulə"前"则表示"东"；满语 ama-"后"表示"北"，女真语"北"为 uliti/uliə，未采用 amulu"后"[①]。可见族群生存的地理环境和民族文化接触等因素亦影响从直示方位概念向基本方位概念派生的演变路径。

综上所述，空间概念的认知过程是从存在范畴的"对象物"（即物理上可感知的领域）向"空间"范畴发展，继而向"时间"范畴发展的过程。发展空间方位相关的各种概念中，最重要的来源概念和最显著的对象物根据各语言文化固有状况的特性而有所差异。在满语建构空间方位的认知来源中，动物身体模型是直示方位的认知模型，直示方位是基本方位的认知模型，地理特征显著的江河地标作为补充模型。直示方位和基本方位之间存在关联性的认知来源是太阳位置移动和江河地标模型。

在满语空间方位概念的研究中，"东""西"分别从"上""下"派生得到了阐释，"后"向"北"、"前"向"南"的派生理据尚缺乏认知解释；满语"左""右"、"东""西"与"上""下"形式相同，上下模型和左右模型的关联性诸如来源领域和目标领域等概念模型的历时关系等问题尚待研究；清代个别满文舆图的方位标示不同于西方地图标示法"上北下南左西右东"，"地图模型"是否对满语直示方位和基本方位关联性产生影响等问题值得探讨。

---

① 金光平、金启孮：《女真语言文字研究》，文物出版社 1980 年版，第 15 页。

第 5 章

满语代词体系语法化认知起源建构

代词的指代功能处于人类对现实世界认知范畴化的起点位置。因此，代词相比其他词类更加接近人类的主观性。语言运用与认知存在联系，认知心理驱动语言运用，而语言运用影响认知心理。因此，从代词的语用角度着手分析探讨代词范畴化的认知领域是一个重要途径。

本章探讨满语指示代词、反身代词和疑问代词的语法化认知机制。满语指示代词指代意义范围宽泛，通过其指代意义演变可以建构心理认知路径，进行认知阐释。满语疑问代词具有非疑问功能，以共时研究视角比较疑问代词的疑问功能与非疑问功能的语法特征，从句法和语义两个维度观察疑问代词语法化过程，探讨驱动满语疑问代词语法化产生的认知机制。反身代词的反身意义涉及行为主体自身将"自己"概念化的过程和方式，从反身代词的语义指向可重建人类认识"自己"和"我"的关系，以及对"自己"从"我"中脱离出来的自我审视等思维认知过程。

5.1　满语指示代词语法化认知投射路径

满语指示代词指代范围宽泛，在具体语境中指代不同意义。满语指示代词的广泛代替性表现为，既可以代替人和事物以及时间等名词类词，也可以代替形状和状况等形容词、副词类词，还可以代替整个事件和事态等句子和语篇。

指示代词具有抽象性，指代概念较为笼统，其指代的空间和时间概念通常是相对空间和相对时间，故而难以确定其认知参照点。指示代词抽象程度较高，在认知投射域中，代词的认知属于二次映射认知，因此更能凸显人类认知的特点。

5.1 以指示代词 ere（近指）／tere（远指）的指代意义多样化及其演变为切入点，探讨指示代词语法化过程所呈现的认知领域。

5.1.1　满语指示代词指代意义类型与演变

满语指示代词 ere "这"（近指）／tere "那"（远指）的指代意义有以下五种类型[①]：（1）指代空间和时间的相对距离意义；（2）指代言者的心理情感距离意义；（3）指代语篇回指事物的距离意义；（4）指代不确定意义；（5）指代第三人称意义。下面我们分别分析指示代词 ere "这"（近指）／tere "那"（远指）的指代意义差异，归纳其指代意义的参照点和演变路径。

5.1.1.1　指代空间和时间的相对距离意义

在指代空间意义时，ere 指代距离言者较近的位置，tere 指代距离言者较远的位置。例如：

（5－1）

a. <u>tere</u>　hoton　alin-i　　ninggu-de　saha-fi　akdun　o-fi.

　　DEM 城　　山-GEN　上-DAT　　砌-SEQ　坚固　成为-SEQ

---

① 满语 ere、tere 还具有 "指示" 或 "区别" 的限定性作用，在充当定语时一般起 "指示" 或 "区别" 作用。

那座城建在山前。(《满洲实录》)

b. <u>tere</u> loho-i saci-ci ere   gida-i   ali-bu-ha
DEM 刀-GEN砍-COND DEM.PROX 枪-GEN 呈-CAUS-PAST

ere   gida-i toko-ci   tere loho-i   jaila-bu-ha.
DEM.PROX   枪-GEN 刺-COND DEM 刀-GEN   躲避-CAUS-PAST

那个用刀砍，这个用枪架；这个用枪刺，那个用刀搪。(《新满汉大词典》)

在指代时间意义时，ere 指代距离说话时点较近的时间，tere 指代距离说话时点较远的时间。例如：

(5-2)

a. <u>ere-ci</u>   amasi
DEM.PROX-ABL 以后

从此以后

b. urunakū   <u>ere</u>   aniya tuweri   amba muru muwaša-me
一定   DEM.PROX 年   冬   大概   粗略-SIM

tokto-bu-ha   manggi jai amaga-be sain
定-CAUS-PAST.PART 以后 再 后来-ACC 好

o-bu-re   baita-be ilhi   aname icihiya-ki.
成为-CAUS-PRS.PART 事-ACC 顺序 依次 办理-OPT

期在今冬粗定大局，而善后事宜方可次第办理。(《平定金川方略》)

c. ara   hūng niyang gege si   inu hūlhi o-ho.   bi
哎呀 红娘   姐 2SG 也 糊涂 成为-PAST 1SG

ai   nure omi-ha. buya bithe-i niyalma siyoo jiyei-be
什么 酒 喝-PAST 小   书-GEN 人   小姐-ACC

gaitai   sabu-ha-ci   jete-re-be   waliya-fi

突然   看见-PAST. NMLZ-ABL 食-PRS. NMLZ-ACC 弃-SEQ

amga-ra-be   onggo-fi   ere   erin-de   isinji-ha

眠-PRS. NMLZ-ACC   忘-SEQ   DEM. PROX 时-DAT   至-PAST

tutala   aka-ha   jobo-ho-be   gūwa-de

这样多 伤心-PAST. NMLZ   苦-PAST. NMLZ-ACC 别人-DAT

ala-ci   ojo-ra-kū   dere   sinde   adarame   dalda-ci

告诉-COND   可-PRS-NEG INT   2SG. DAT   如何   瞒-COND

o-mbi.

可以-PRS

哎呀！红娘姐，你也糊涂，我吃什么酒来，小生自从见小姐，忘
餐废寝，直到如今受无限苦恼，不可告诉他人，须不敢瞒你。
(《满汉西厢记》)

d. tere fon-de uyun biya waji-fi   abka   gaitai beikuwen

DEM 时-DAT 九   月   完结-SEQ 天   突然   冷

o-ho.

成为-PAST

时过九月尽间，天气暴冷。(《三国志演义》)

e. tere-ci   manju gurun-i horon tumen ba-de   algi-ka.

DEM-ABL 满洲   国-GEN 威   万   地-DAT   传播-PAST

满洲自此威名大震。(《满洲实录》)

在限定性功能上，满语 ere / tere 起"区别"和"指示"作用。距离
言者较近位置的事物由 ere 限定，距离言者较远位置的事物由 tere 限定。
例如：

（5-3）

a. si　　ere　　　　　koforo　efen　hūya-be　　inu　majige　angga

2SG　DEM.PROX　蜂　　饽饽　螺蛳-ACC　也　略微　　口

isi.

尝.IMP

你将这蜂糕，螺蛳饽饽也略尝尝。（《清语问答四十条》）

b. jai　tere　fulgiyan　sabka　fucihi　dere-de　anggari janggari

再　DEM　红　　　筷子　佛　　桌-DAT　横竖乱摆

sinda-me.

放-SIM

再有，那个红筷子在佛桌上横三竖四地乱放。（《醉墨斋》）

以上满语实例表明，在指代空间意义时，ere／tere 的语用选择遵循空间距离原则的近指或远指；在指代时间意义时，ere／tere 的语用选择遵循时间距离原则的近指或远指；ere／tere 的限定性意义的语用选择同样遵循空间和时间距离原则。

指示代词 ere／tere 指代相对的空间和时间距离时以言者的认知为参照点。言者以自身作为参照点观察空间和时间的相对距离，由言者判断指代空间、时间或限定的事物距离"自己"和"自己所处的现在时点"之"近"或"远"。

5.1.1.2　指代言者的心理情感距离意义

指示代词 ere／tere 可以反映言者的心理情感距离意义。例如在句（5-4）中，ere／tere 并非表达空间或时间距离远近的指代意义，而是表达了言者的诸如"强调、厌恶、轻蔑、排斥"等心理情感距离。

（5-4）

a. ere　　　　　　hehe　　ai　　uttu　angga　ehe.
DEM. PROX　女人　什么　这样　口　　恶

这妇人说话这等刻薄。(《金瓶梅》)

b. sini　　　　tere　arbuša-ra-ngge　　absi　yabsi.
2SG. GEN DEM 举动-PRS-NMLZ　怎样　哪里

你那是什么样的举止啊！(《一百条》)

c. tere　　durun-i　　amda musihi.
DEM　模样-GEN　爱理不理

（看他）那种没意搭讪的样子。(《庸言知旨》)

d. soncoho　makta-fi　faha-me　inje-ci　　abka　na　elehun
辫子　　　抛-SEQ　扔-SIM　笑-COND　天　　地　宽阔

ere　　　　gese　amtan　weri　sa-mbi-o　　sa-rkū-n.
DEM. PROX 似的　味道　别人　知道-PRS. QM 知道-PRS. NEG-QM

仰面大笑，天地宽阔，这等趣味人知否。(《醉墨斋》)

e. ojo-ro-ngge-de　　　　gucule　　tere　ojo-ra-kū-ngge-be
可-PRS-NMLZ-DAT　　交友. IMP DEM　可-PRS-NEG-NMLZ-ACC

ashū　　　se-he.
抛弃. IMP　说-PAST

可者与之，其不可者拒之。(《字法举一歌》)

f. tere　nan　guwe　siyan šeng-ni　girucun-ci　guwe-me
DEM 南　郭　　先生-GEN　　辱-ABL　　避免-SIM

mute-re-ngge　　　heni　kai.
能够-PRS-NMLZ　稀少　INT

其能免于南郭先生之辱者，几希矣。(《满蒙汉三文合璧教科书》)

与5.1.1.1中ere／tere表达空间指代意义不同，例句（5-4）中的
ere／tere并不表示空间距离的近指与远指。句a中的ere起强调的语气作

用；句 b 和句 c 中的 tere 含有埋怨和鄙夷的情感；句 d 和句 e 中的 ere ／ tere 分别表现亲疏、认可和排斥的心理情感距离。

以指示代词表达情感好恶作为来源，满语中继而衍生了 tere anggala 的惯用句式，语义相当于汉语的"别提那个了""况且"，带有轻微轻蔑的语感。如例句（5 - 5）所示：

（5 - 5）

<u>tere anggala</u>   neneme   amba   cooha   jun gar-be   necihiye-me

况且   先前   大   军   准噶尔-ACC   平-SIM

toktobu-ha   manggi   jun gar ūlet   gemu   mini   albatu

定-PAST. PART   以后   准噶尔厄鲁特 都   1SG. GEN   属民

o-ho.

成为-PAST

况且，先前大军平定准噶尔后，准噶尔厄鲁特俱为我之属民。（《新满汉大词典》）

值得注意的是，满语指示代词 ere ／ tere 在表达情感好恶时，并不排除言者在表述时考虑了听者的情感倾向。如例句（5 - 4），句 a 中 ere 的指代，不排除言者表明将听者关系拉近的语气；句 c 中 tere 的指代，不排除既表示言者对话题中的第三者持有的特定的一种态度，也具有言者希望自己的情感意义得到听者认同的一种态度。

5.1.1.3　指代语篇回指事物的距离意义

在谈话及书写语篇中，指示代词 ere ／ tere 用于指代已经提及的事物或事件。在满语中，从语篇回指的粘连现象可以观察到，指代较近出现的上文事件或距离谈话时点较近的事件多用 ere 指代，指代较远出现的上文事件或谈话时点较远的事件多用 tere 指代。在具体语篇中，如例句（5 - 6）中指代语序相连或相近的上文用 ere，例句（5 - 7）中指代语序非直接相连或较远的上文用 tere。

(5-6)

a. icihiya-ha　　　　baita　umesi　labdu　bime　　melebu-re
办理-PAST. PART 事　　很　　多　　而且　　遗漏-PRS. PART

onggo-ro　　　　ba　　akū-ngge　gemu　ede　　ere　　　　gemu
忘-PRS. PART 地方　无-NMLZ　都　　因此　DEM. PROX　都

mini　　　beye-i　　　yabu-ha　　　　mujilen-de
1SG. GEN　REFL-GEN　行-PAST. NMLZ　　心-DAT

ba-ha　　　　　amba　　oyonggo.
得-PAST. PART　　大　　　重要

所以办事甚多，而不至于遗忘者此也，此皆朕躬行心得之大要。
(《上谕八旗》)

b. uhei　endurngge　ejen-i　　amba ten-i　dorgi-de　bakta-kabi.
　共　　圣　　　　主-GEN　太极-GEN　内-DAT　包容-TAM

ere-be　　　　　amba　uhe　se-mbi.
DEM. PROX-ACC 大　　同　　称-PRS

共包于圣主太极之内，是之为大同。(《百二十老人语录》)

c. damu　yasa-i　　julergi　sebjele-ki　seme　　gūnin　cihai
　只　　眼-GEN　前　　快乐-OPT　AUX-SIM　心意　随意

mamgiya-me　faya-me　ishunde　alhūda-nu-me
挥霍-SIM　　费-SIM　　互相　　效-VOC-SIM

yabu-re-de　　　　　jobolon　ojo-re-ngge　　　ere-ci
行-PRS. NMLZ-DAT　害　　成为-PRS-NMLZ　DEM. PROX-ABL

dulende-re-ngge　akū.
超越-PRS-NMLZ　无

只为眼前快乐任意挥霍，互相效尤，其害莫甚。(《上谕八旗》)

d. mimbe　　　aka-bu-ha　　　　　　　nesin-be　arkan　seme　baha-fi

　 1SG.ACC 伤-CAUS-PAST.PART 纳申-ACC 恰好　COMP 得-SEQ

　 wa-ha.　ere-i　　　　　　yali-be　je-ci　　　inu　o-mbi-kai.

　 杀-PAST DEM.PROX-GEN 肉-ACC 吃-COND　也　可以-PRS-INT

　 害我之纳申，幸得杀之，肉亦可食。(《满洲实录》)

e. niowanggiyan niohon fulgiyan fulahūn suwayan sohon šanyan

　 甲　　　　　乙　　丙　　　丁　　　戊　　　己　　庚

　 šahūn　sahaliyan sahahūn　ere-be　　　　　abkai cikten

　 辛　　　壬　　　　癸　　　DEM.PROX-ACC 天干

　 se-mbi。

　 称-PRS

　 甲乙丙丁戊己庚辛壬癸，叫做天干。(《满蒙汉三文合璧教科书》)

f. geli adun-i　da-se-be　　hūla-fi　　ala-me　　ihan adun-ci

　 又　 牧-GEN 头-PL-ACC 喊-SEQ　告诉-SIM 牛　 群-ABL

　 juwan gaju…… ere-be　　　　　gemu wa-fi　　bel-he

　 十　 取.IMP DEM.PROX-ACC 都　 杀-SEQ　准备.IMP

　 se-he.

　 说-PAST

　 又喊了放牧的头儿来告诉说，从牛群里取出十头牛来……给我宰了
　 准备好。(《尼山萨满》)

(5 – 7)

a. aika tere kooli songko-i ilan inenggi tuci-re　　　　ilan inenggi

　 若　 DEM 例　 照-GEN 三　 日　 出-PRS.NMLZ 三　 日

　 mutu-re　　　　ilan inenggi ayala-ra　　　　ilan inenggi

　 生长-PRS.NMLZ 三　 日　 灌浆-PRS.NMLZ 三　 日

　 mara-me　šuhuri siha-ra-ngge　　tere ijishūn ningge.

　 推辞-SIM 痂　 脱落-PRS.NMLZ DEM 顺　 的

若是照例，（痘子）三日出，三日长，三日灌浆，三日落痂儿，那是顺当的。（《庸言知旨》）

b. <u>tere</u>   tubihe-be baha-fi na-de   sinda-ci   haira-me

DEM   果子-ACC 得-SEQ 地-DAT   放-COND 可惜-SIM

angga-de ašu-fi   bilha-de   dosi-fi bi   banji-ha.

口-DAT   含-SEQ 嗓子-DAT   入-SEQ 1SG   生-PAST

（母亲觉得）把得到的果子放在地上很可惜，就含在嘴里，（不小心）咽了下去，就生了我。（《新满汉大词典》）

c. ere   turgun-de kemuni tacihiya-me taci-bu-cibe geren

DEM. PROX 缘由-DAT 虽然   训-SIM   教-CAUS-CVB 众

ememu dere-de daha-ca-me gūnin-de jurce-me <u>tere-i</u>

有的   脸-DAT 随-VOC-SIM 心-DAT 违-SIM   DEM-GEN

waka-be tengki-me sa-me   mute-re-ngge umesi komso.

错-ACC 深刻-SIM 知道-SIM   能-PRS-NMLZ 非常 少

虽然我每次都教训，但大家从心违，能确知自己错的很少。（《上谕八旗》）

由此可见，在满语谈话或语篇中，指示代词的选择依然遵循了"距离"原则，只是此时的"距离"与上下文语境相关。

5.1.1.4 指代不确定意义和第三人称意义

满语指示代词 ere / tere 具有指代范围不对称和指代功能不平衡的发展差别，具体表现为如下差异：（1）指代范围，（2）功能负荷量，（3）语义功能演变。

指示代词 ere / tere 的语义发展不具有平衡性，因此语义功能演变路径不同，进而指代范围和功能负荷量具有差异。与 ere（近指）相比，tere（远指）还发展出具有不定指代意义和第三人称代词指代意义。

指示代词 tere 的不定指代意义具有不定代词的词类范畴功能，用来代替不确定的人或事物的名称，汉语可译作"某"。从 tere 的分布位置来看，具有词缀化倾向。如例句（5-8）所示：

（5-8）

a. aidahaša-me horin bisi-re   tere.
   蛮横-CVB   威   有-PRS. NMLZ DEM
   有势豪某。（《择翻聊斋志异》）

b. adabu-ha   tere-be gebu   eje
   辅助-PAST. PART   某-ACC   名-ACC 记. IMP
   拟陪某著记名。（《满汉大辞典》）

   tere   niyalma hala   tere   gebu   tere.
   DEM   人   姓   DEM   名   DEM
   某官，姓某，名某。（《易经》）

c. tokso-i   tule   juktehen-de te-he   hūwašan   tere
   村-GEN   外   庙-DAT   住-PAST. PART   僧   DEM
   an-i   ucuri banji-re   sain   bi-he.
   常-GEN   时   生活-PRS. NMLZ   好   AUX-PAST
   村外庙里住着某僧人，平时生活过得很好。（《择翻聊斋志异》）

指示代词 tere 指代第三人称意义，具有人称代词的词类范畴功能。如例句（5-9）所示：

（5-9）

a. tere hafan wesi-ci   giyan ningge.
   3SG   官   升-COND   理   的
   他升官是应该的。（《新满汉大词典》）

b. sini   hafan tede   fonji-ci   baha-fi   sa-mbi.
   2SG. GEN 官   3SG. DAT   问-COND   得-SEQ   知-PRS
   你的官问他即可知道。（《异域录》）

tere 具有的不定代词功能和人称代词功能之间存在语义演变联系。不定代词和第三人称代词具有非确定性指代和确定性指代的语义特征差别。如例句（5–8）中 tere 非确定性指代人或事物即"某人、某事"，例句（5–9）中 tere 确定性指代"某人、某事"。

tere 在非确定性指代"某人、某事"时，属于不定代词范畴。tere 在确定性指代"某人"时，属于第三人称代词范畴，表达语义"他/她"；在确定性指代"某事"时属于指示代词范畴，表达远指语义"那（个）"。tere 的语义发展路径和语法范畴演变路径如下所示：

tere 的语义发展路径：那里、那个 → 某（人或事物）→ 他、她

tere 的语法范畴演变路径：指示代词 → 不定代词 → 人称代词

tere 发展出非确定性指代有其根源性，远指的远处空间位置相比于近处空间位置具有不确定性，与其词源亦相关。我们稍后将在 5.1.2 中指出 ere / tere 的词源来自方位词 ebergi"这边"/tulergi"外边"。

时间词和空间词语义具有模糊性。如例句（5–10），时间词 te"现在"指代的时间点具有不确定性。

(5–10)

t<u>e</u>	hanci	niyaman	ere	udu	anggala	teile.
现在	近	亲戚	DEM. PROX	几	口	仅

今日至亲只这三四口儿。(《满汉西厢记》)

指示代词 ere / tere 的词源语义来源于指代空间位置的方位词，而后发生指代时间语义和语用的发展变化。因此，从时间词语义的不确定性可以逆向推导出方位词语义的不确定性。空间方位词"内"与"外"之间的界限模糊不确定，tere 指代不定意义是其词源方位词语义模糊性的映射。

5.1.2 满语指示代词指代意义演变的心理认知路径及认知阐释

如 5.1.1 中所述，满语指示代词指代意义的泛化演变与言者发话的时间和空间距离、心理领域密切相关。下面我们考察 ere / tere 的词源，归纳其原型意义，探寻其语法化路径，从而建构其认知投射路径。

5.1.2.1 ere / tere 的原型意义

满语存在方位词 ebergi "这边" 和 tulergi "外边"。将 ere 与方位词 ebergi "这边" 比较，tere 与方位词 tulergi "外边" 比较，可知指示代词 ere、tere 可能分别来源于 ebergi "这边" 和 tulergi "外边"。指示代词 ere、tere 若起源于方位词，那么空间性则成为 ere / tere 作为指示代词的内部核心因素。

通过 5.1.1 中的语料分析，我们可以构建出指示代词 ere / tere 的原型为空间方位来源，原型义为空间义。空间位置作为指示代词的来源具有理论来源，是当前学界普遍认同的。吕叔湘指出："近指和远指的分别，基本上是空间的。"[①]

探索满语指示代词的不同指代意义和作用，其分析原点在于指示代词的空间性。从指示代词原型空间性和空间义展开中，可以进行更深入的分析。

指示代词的空间概念原型语义决定了该指示代词的语用原则以言者的位置为参照点，靠近言者的位置用 ere 指代，相对言者距离远的位置用 tere 指代，遵循近指、远指的"距离原则"。

5.1.2.2 ere / tere 的语法化路径

根据 5.1.1 满语语料的分析，按照指示代词 ere / tere 指代意义差异，

---

① 吕叔湘：《近代汉语指代词》，载《吕叔湘全集》第 3 卷，辽宁教育出版社 2002 年版，第 155 页。

将其指代意义归纳为以下三个变化路径：

a. 空间和时间指代：遵照以言者为参照点观察的空间和时间距离原则；

b. 语篇回指指代：遵照以言者的语篇距离为参照点的上下文距离原则；

c. 充当情感标记词：遵照言者心理空间为参照点的情感心理距离原则。

该指代意义变化路径同时也反映了 ere / tere 的语法化路径。

tere（远指）与 ere（近指）相比较，另外发展出不确定意义和人称意义。tere 的指代意义变化路径（语法化路径）为：

a. 空间和时间指代：遵循以言者为参照点观察的空间和时间距离原则。

b. 不定意义指代：不确定的"某人或事物"指代遵循距离近的确定性高、距离远的确定性低的距离原则。

c. 第三人称指代：遵循谈话参与者之外的相对远的人称"他/她"的距离原则。

tere 的指代意义变化路径反映了人类认知从不确定到确定的过程。指示代词 ere、tere 分别来源于方位词 ebergi "这边"、tulergi "外边"，因此，遵循 ere 为近指、tere 为远指的距离原则。但是，由于 tere 的来源方位词 tulergi "外边"语义更为宽泛和不确定，导致 tere 的指代意义更为宽泛，可以指代不定意义，并进一步发展为指代第三人称。第三人称"他/她"位于距离言者和听者相对遥远的位置，处于"我"和"你"的认知域之外，可见 tere 指代人称意义仍然遵循距离原则。

5.1.2.3 ere／tere 语义演变的认知投射路径

满语指示代词 ere／tere 语义演变关系由两种投射路径决定,指示代词空间原型义的认知路径投射(同时也是语义演变发展关系)如图 5－1 和图 5－2 所示。[①]

第一种投射路径是原型静态空间位置和动态时间位置共同投射到谈话语篇中的上下文距离和谈话时点距离,这时,ere／tere 在语言运用中合乎距离近指远指规则。

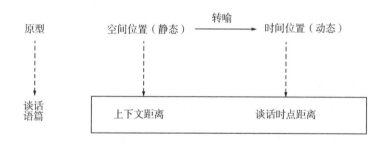

图 5－1　空间原型向谈话语篇投射图

第二种投射路径是原型静态空间位置和动态时间位置共同投射到心理领域中的心理距离和情感距离。心理距离包括人际关系的亲疏距离,情感距离指情感认可排斥,后者考虑听者的接受度,与主观性相关,具有动态性。

---

① 图中虚线表示投射,实线表示转喻,箭头表示方向。

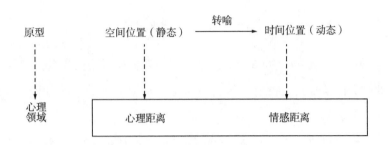

图 5 – 2 空间原型向心理空间投射图

在静态投射的情况下，ere／tere 的语用选择较严格遵照距离原则；在动态投射的情况下，ere／tere 的语用选择具有变动性和言者的主观性。语篇中指代上下文的场合，言者以自己感受到的时间为参照点，具有动态的主观性。心理情感领域的投射同样具有主观性和变动性。可见，动态的主观性可以导致 ere／tere 语用选择的变动性。因此，在具体语言环境中观察到的指示代词的选择和使用并不严格遵循"距离原则"的"远指"和"近指"。但是，空间距离位置投射到心理领域中，远指的 tere 比近指的 ere 更常见于表示排斥和鄙夷等反面情感，说明"距离原则"仍然发挥作用。

以投射图分析 tere 的指代变化，tere 从空间指代意义发展到人称指代意义经历了如下变化：

空间位置（静态）→ 空间位置泛指 → 人或事物不定指 → 人称定指

tere 变化的方向性与 tere 的词源及人类认知原则相关。在空间位置中，距离言者较近的"这边"往往在言者的认知中是确定的，而"那边"对于言者的认知而言通常是较远的、非确定的和宽泛的。因此远指的 tere 成为指代"某"人或事物不定指的语义来源，而非近指的 ere。

满语指示代词既用于指代空间远近，也用于指代时间远近，还用于指代对人和事物心理上的亲疏，表达主观性评价和情感倾向。这一系列语用功能的产生具有历时的演变性，其演变的原型基础是人类对空间相对位置的认知。指示代词用于指代时间远近、指代对人和事物心理上的亲疏等语义发展，是人类通过心理空间投射和转喻等认知机制提取其空间相对位置产生的结果。

满语指示代词语用功能演变具有语言普遍性，在汉语及其他语言中存在类似的发展过程。人类对现实世界的认知，普遍表现为对近的事物具有确定性，对远的事物具有模糊性和不确定性的特征，不定指称便来源于这种模糊不确定性。但是，tere 的语义进一步发展成指代第三人称这一路径具有满语的特殊性。

5.2 满语反身代词语义指向性认知来源

目前，满语研究对满语反身代词的语义学考察尚未开展。本节从反身代词意义出发，以意义作为焦点，对其各个反身用法进行认知方面的阐述。以意义为焦点的反身代词研究，主要指动作行为涉及的行为者自身即言者如何将"自己"概念化，如何将"自己"语言编码化，关涉人类认识"自己"和"我"的关系，以及对"自己"从"我"中脱离出来的自我审视和反思等思维认知过程。

5.2.1 满语反身代词的语义指向

反身代词，又称指己代词，反指主体行为，表示自己的自身行为、自己的所有关系。反身代词的反身用法是动作主体的行为仅用于指代涉及行为者自身行为的反身性，不对其他事物带来影响。在反身代词的反身用法研究中，存在主语和补语的同一指称性及伴随反身化规则适用的制约观点。

满语反身代词形式为 beye，可以单独出现，表示第一人称反身；可以接在指人名词属格之后，在有些场合反指指人名词自身行为；可以接在人称代词属格形式之后构成"人称代词属格 -beye"形式。

满语 beye 的语义所指有"身体"、"自己"和"亲自"，beye 具有反身意义，表现为指涉"自己"和"亲自"。beye 语义存在从"身体"向反身意义的"自己"和"亲自"变化的方向性，该变化扩展了 beye 的反身范围，产生了从实体名词向反身意义、从词向词缀的语法化变化。

本节对反身代词 beye 语义指向性演变和语法化过程展开探讨。①

5.2.1.1　beye 的语义所指

满语 beye 的语义所指有"身体"、"自己"和"亲自"。

（1）beye 指称"身体"实体，具有名词特征。如例句（5－11）所示：

（5－11）

a.　beye den amban.

身体 高 大

身体高大。（《满洲实录》）

b.　beye　nime-me　absa-mbi

身体　病-SIM　憔悴-PRS

患病憔悴。（《满汉大辞典》）

c.　tuttu ofi　niyalma　gemu　beye-be　uji-re　　　　an　kemun

因此　人　　都　　身-ACC　养-PRS. PART　平常　法

baha-ra-kū.

得-PRS-NEG

所以人们养身都不得其法。（《一百条》）

---

①　本节例句中 beye 的标注原则是根据具体语境的语义功能和讨论分析问题的需要，选择 beye 所表示的"身体""自己""亲自""反身（REFL）"之一加以标注。

d. bi aika aname karuša-me arbuša-ci ebere-ke <u>beye</u>

1SG假如 依次 报复-SIM 行动-COND 衰-PAST.PART 身体

ainahai hami-re.

如何 近-FUT

我要挨次周旋起来，这衰老的身子哪儿吃得住？（《庸言知旨》）

（2）beye 指称"自己"，具有反身意义。如例句（5－12）所示：

（5－12）

a. <u>beye</u>-i baita-be beye icihiya-mbi.

自己-GEN 事-ACC 自己 办-PRS

自己的事情自己办。（《满语研究通论》）

b. <u>beye</u> sini wesihun boo-de tuwa-na-ki se-ci geli

自己 2SG.GEN贵 房-DAT 看-VOC-OPT AUX-COND 又

baha-fi aca-ra-kū ayoo seme gūni-mbi.

得-SEQ 会面-PRS-NEG INF COMP 想-PRS

欲要亲自到你尊府去看望，想来又恐不得会见。（《满语研究通论》）

（3）beye 指涉"亲自"，具有反身意义。如例句（5－13）所示：

（5－13）

a. sun ce <u>ini beye</u> tere-i boo-de gene-fi inenggi

孙策 3SG.GEN REFL DEM-GEN 家-DAT 去-SEQ 日

šuntuhule hebše-me leole-ci angga-ci gisun tuci-re-ngge

终日 议-SIM 论-COND 口-ABL 话 出-PRS-NMLZ

wasihūn ici muke eye-re adali.

下 向 水 流-PRS.NMLZ 一样

孙策亲自到其家与议论终日，口若悬河。（《三国志演义》）

b. amban　<u>meni beye</u>　　　　cooha　gai-fi　　gene-fi　wa-me

臣　　　1PL. GEN REFL　　兵　　率-SEQ　　去-SEQ　杀-SIM

mukiye-bu-mbi.

灭-CAUS-PRS

臣等亲率兵剿灭。（《亲征平定朔漠方略》）

beye 的三个语义边界模糊，如：例句（5－11）b 中的 beye 既可以指代衰老的"自己"，也可以指代衰老的"身体"，表明"自己"和"身体"具有同一性；例句（5－12）b 中的 beye 指代"自己"的同时隐含着"亲自"意义，表明"自己"和"亲自"具有同一性；例句（5－13）a 中的 ini beye 和 b 中的 meni beye 是人称代词反身形式，强调动作是行为主体"他自己"和"我们自己""亲自"发出的。

可见，三个语义发生联系，"身体"与"自己"具有同一性，"自己"与"亲自"具有同一性。"自己"位于"身体"和"亲自"语义的中间层次，将"身体"和"亲自"语义连接，如图 5－3 所示：

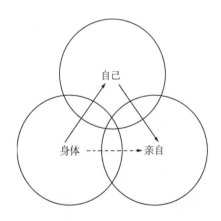

图 5－3　beye 的语义关联性

三个语义中，"身体"语义是另外两个语义的来源。"身体"是"自己"的来源，"自己"发出的动作行为是语义"亲自"的来源。beye 作为反身代词的反身意义来源于语义"自己"。下面我们首先以 beye 表示"自己"的含义为切入点展开讨论。

5.2.1.2　beye 表达"自己"的两个含义

"自己"与人类主体"我"指称的事物相同。观察 beye 的例子，beye 在表达"自己"即人类主体"我"时可以区分为两个所指："个人感受的自己"和"公共表达的自己"。分别如例句（5 – 14）和（5 – 15）所示：

（5 – 14）

a. beye inu aide baha-fi uthai uttu-de isina-ha seme
　 自己　亦　为何　得-SEQ　就　　这样-DAT　至-PAST　COMP
　 ulhi-ra-kū.
　 明白-PRS-NEG
　 自亦不解，何以遽至如此。（《择翻聊斋志异》）

b. ci šeng gisun-be donji-fi yasa-i muke firfin fiyarfin-i
　 戚生　言-ACC　听-SEQ　目-ACC　水　痛哭流涕-GEN
　 tuhebu-hei beye alimbaharakū gosiholo-ho.
　 垂-CVB　　自己　极其　　　哀-PAST
　 （戚）生闻言，挥涕流离，哀不自胜。（《择翻聊斋志异》）

c. ere durun-i malhūša-ra-kū faya-ci guweke sui
　 DEM. PROX 模样-GEN 节省-PRS-NEG 花费-COND 小心 罪
　 isi-hai beye omihon-de amca-bu-ha erin-de aliya-ha
　 至-CVB 自己 饿-DAT 追-CAUS-PAST. PART 时-DAT 悔-PAST
　 seme amca-bu-ra-kū kai.
　 COMP 追-CAUS-PRS-NEG INT
　 若这样不节省花费，罪做了自己，挨上饿的时候，后悔也来不及了。（《新满汉大词典》）

（5 - 15）

a. jalan-de　　mini beye-ci　　　bayan　ningge　kemuni　bi-o.

世界-DAT　1SG. GEN REFL-ABL　富　　的　　尚　　有-QM

世上还有比我自己富的吗？（《满语研究通论》）

b. mini beye　　　wece-ra-kū　　o-ci　　　wece-he-kū　　adali.

1SG. GEN REFL　祭-PRS-NEG　AUX-COND　祭-PAST-NEG　一样

吾不与祭如不祭。（《御制翻译四书·论语》）

在例句（5 - 14）中，a 句 beye ulhirakū "自己不解"、b 句 beye gosiholoho "自己可怜"、c 句 beye aliyaha "自己后悔" 均为描述说话人内部心理或内心感情的句子。从例句（5 - 14）中分析 beye 的所指，可细化为 "自己" 是意识的主体，描述意识主体对自己产生的感受和感觉，即表达 "个人感受的自己"。

在例句（5 - 15）中，beye 附加在第一人称代词属格之后，表达说话人对外传达自己的行为、意志、观点和看法。（5 - 15）a 中的 mini beye 指代 "我"；（5 - 15）b 中的 mini beye 通过 "我亲自" 的意义指代 "我"。从例句（5 - 15）中分析 beye 的所指，beye "自己" 与第一人称代词 "我" 的语义功能相似，表示有别于其他社会关系，表达自己行为观点的 "主体"，即 "公共表达的自己"。

根据上述 beye 所指意义的差别可将作为言者的人类主体 "我" 分析出两个 "身份"：言者既是感受自身内心活动的 "思维主体"，同时也是对外传达意志观点的、与听者对立的 "传达主体"，也可以换言为 "感受主体" 和 "行为主体"。①

"思维主体" 和 "传达主体" 两个主体方面在现实世界里集中在同一个言者身上，但是，不同语言对此概念的编码和切分存在差异，见

---

① 下文根据实例采用 "思维主体" 或 "感受主体" 或 "意识主体"，"传达主体" 或 "行为主体" 术语。

表 5 – 1：

表 5 – 1　思维主体和传达主体的语言编码（英语、日语）

	汉语	日语	英语
思维主体	我	自分（じぶん）	I
传达主体		私（わたし）	

言者作为"思维主体"，表现了一种内在的"个人的自己"；作为"传达主体"，表现了一种对外界的"公共的自己"。即，一个"自己"具有"内部的个人属性的自己"和"外部的社会属性的自己"两个对立。

满语对人类主体两面性的编码采用反身代词 beye 形式，同时也采用其他语言形式对"思维主体"和"传达主体"进行编码。满语中，beye 一词既可以表达"个人的自己"，也可以表达"公共的自己"，既作为"思维主体"，同时也作为与听者对立的"传达主体"。在表达"外部的社会属性的自己"时，常常采用"人称代词属格 -beye"形式。满语对思维主体和传达主体的语言编码方式如表 5 – 2 所示：

表 5 – 2　思维主体和传达主体的语言编码（满语）

主体类别	意义	满语编码方式		
传达主体（行为主体）	对外传达的"自己"（公共的自己）	bi	mini beye	
思维主体（感受主体）	对内感受的"自己"（个人的自己）		beye	dolori

由表 5 – 2 可知，满语对外传达的"自己"即"公我"由 bi 和 mini beye 编码，对内感受的"自己"即"私我"由 bi、beye 和 dolori 编码。下面我们观察这些表达的差异。

满语编码"传达主体"的词语 bi 和 mini beye，两词存在使用差异。在对话场合中表达对外人际关系时，倾向于使用 bi "我"、muse "我们"等人称代词表达。而 mini beye 在表示"传达主体"时隐含着反身意义。如例句（5－16）所示：

（5－16）

a. jalan-de   <u>mini beye-ci</u>   bayan   ningge   kemuni   bi-o.
世界-DAT   1SG. GEN REFL-ABL 富   的   尚   有-QM
世上还有比我自己富的吗？（《满语研究通论》）

b. <u>mini beye</u>   wece-ra-kū   o-ci   wece-he-kū   adali.
1SG. GEN REFL 祭-PRS-NEG AUX-COND   祭-PAST-NEG   一样
吾不与祭如不祭。（《御制翻译四书·论语》）

满语编码"思维主体"时，有 bi、beye 和 dolori 三种形式。bi 作为第一人称代词可以表达内在的意识主体，如例句（5－17）所示。

（5－17）

niyeng tsai cen   cira-be   tob   obu-fi   hendu-me   gege
宁采臣   脸-ACC 正   成为-CAUS-SEQ 说-SIM   姐姐

weri-i   leole-re-de   guwelke.   <u>bi</u> niyalma-i
别人-GEN   议论-PRS. NMLZ-DAT   提防. IMP   1SG 人-GEN

gisure-re-de   olho-mbi.
说-PRS. NMLZ-DAT 害怕-PRS

宁采臣板着脸说："你要提防人家议论，我害怕人家说。"

（宁正容曰："卿防物议，我畏人言。"）（《择翻聊斋志异》）

(5－18)

<table>
<tr><td>beye-i</td><td>jumanggi-i</td><td>dolo</td><td>fere</td><td>hece-me</td><td>untuhule-he-be</td></tr>
<tr><td>自己-GEN</td><td>口袋-GEN</td><td>内</td><td>底</td><td>尽-SIM</td><td>空-PAST. NMLZ-ACC</td></tr>
</table>

gūni-ci.	efi-re-be	buye-re	haha-i	mujilen
想-COND	玩-PRS. NMLZ-ACC	爱-PRS. PART	男人-GEN	心

ambula　usaka.

非常　　伤心-PAST

想到自己口袋里分文没有，爱赌钱的壮士的心十分灰冷。

（顾囊底而贯素空矣，灰寒壮士之心。）（《择翻聊斋志异》）

　　在例句（5－18）中，"自己口袋里分文没有"表达的意义是"内部的个人的自己"清楚地知道口袋里分文没有，因此采用表示内部感受主体的 beye-i jumanggi "自己的口袋"编码，而非采用表示"外部的公共的自己"的 mini jumanggi "我的口袋"编码。

　　如前所述，beye 语义有"身体""自己""亲自"，可见其不是表达"思维主体"的固有词语。dolori 语义为"心中"，其隐喻意义也承担了表示思维意识主体的语义功能，如第 4 章例句（4－9）所示。

　　经过分析，beye "自己"所指具有两面性，一个表示"内部的个人属性的自己"的"感受主体"或"思维主体"，另一个表示"外部的社会属性的自己"的"行为主体"或"传达主体"。下文我们将基于该语义所指观点继续展开相关问题的讨论。

5.2.1.3　beye"亲自"语义与满语人称代词反身形式"人称代词属格 -beye"

　　满语 beye 具有人称特征，可与人称代词连用，由人称代词属格形式附加 beye 构成人称代词反身形式"人称代词属格 -beye"。满语人称代词反身形式如表 5－3 所示。

表5-3　满语人称代词反身形式

	第一人称	第二人称	第三人称
单数	mini beye "我自己"	sini beye "你自己"	ini beye "他自己"①
复数	meni beye "我们自己"	suweni beye "你们自己"	ceni beye "他们自己"

　　采用5.2.1.2中分析的 beye 的两个所指进行观察，可知在"人称代词属格 -beye"形式中，beye 用以指代"内部的个人的自己"，具有反身意义。

　　我们首先归纳比较 beye 与"人称代词属格 -beye"的差异。如5.2.1.2中所述，beye 在表达"自己"时，既可以指代"感受主体"，也可以指代"行为主体"。

　　beye 表达"感受主体"的实例如句（5-19）所示：

（5-19）

a. beye　inu　aide　baha-fi　uthai　uttu-de　　isina-ha　seme
　　自己　亦　为何　得-SEQ　就　　这样-DAT　至-PAST　COMP
　　ulhi-ra-kū.
　　明白-PRS-NEG
　　自亦不解，何以遽至如此。（《择翻聊斋志异》）

b. ci šeng　gisun-be　　donji-fi　　yasa-i　muke　firfin fiyarfin-i
　　戚生　　言-ACC　　听-SEQ　　目-ACC　水　　痛哭流涕-GEN
　　tuhebu-hei　　beye　alimbaharakū　gosiholo-ho.
　　垂-CVB　　　自己　极其　　　　　哀-PAST
　　（戚）生闻言，挥涕流离，哀不自胜。（《择翻聊斋志异》）

c. ere　　　　durun-i　　malhūša-ra-kū　　faya-ci　　guweke
　　DEM. PROX　模样-GEN　节省-PRS-NEG　　花费-COND　小心

---

① "他自己"还可用 gūwa beye 表示。

sui　isi-hai　<u>beye</u>　omihon-de　amca-bu-ha　　　　　erin-de

罪　至-CVB　自己　饿-DAT　　追-CAUS-PAST. PART　时-DAT

aliya-ha　　seme　amca-bu-ra-kū　　　kai.

悔-PAST　　COMP　追-CAUS-PRS-NEG　INT

若这样不节省花费，罪做了自己，挨上饿的时候，后悔也来不及了。(《新满汉大词典》)

beye 表达"行为主体"时，在作为"行为主体"的"自己"的语境下，同时衍生出"亲自"语义，如例句（5-20）所示：

(5-20)

a. <u>beye</u>　ji-he　　turgūt-i　　　taiji　ere-i　　　　albatu

亲自　来-PAST　土尔扈特-GEN　台吉　DEM. PROX-GEN　属民

daci　duin　minggan　funce-re　　boigon　juwe　tumen　emu

原　四　千　　余-PRS. PART　户　　二　　万　　一

minggan　funce-re　　　anggala　bi-he.

千　　余-PRS. PART　人口　　有-PAST

亲至土尔扈特台吉，其属民原为四千余户，二万余口。(《新满汉大词典》)

b. bi　umai　gungge-be　<u>beye</u>　tukiye-ce-me　　fise-mbu-me

1SG 全然　功-GEN　　自己　夸赞-VOC-SIM　　讲-CAUS-SIM

algi-mbu-me　　elde-mbu-me　　iletule-ki　sere-ngge　waka.

宣扬-CAUS-SIM　耀-CAUS-SIM　　炫耀-OPT　AUX-TOP　NEG

朕并非自诩其功欲以铺张夸耀。(《平定金川方略》)

在例句（5-19）中，beye 表示说话人内部情感主体。在例句（5-20）a 中，beye 表示 ji-"来"的施事行为主体，若无特别的上下文信息强调，该句难以解释为表达说话人内部感受。与例句（5-19）相比，例句

（5－20）中的 beye 还强调了"亲自、亲身"做某事。

除了"人称代词属格 -beye"外，"名词属格 -beye"也可以表达行为主体"亲自"语义。如例句（5－21）所示：

（5－21）

han-i	beye	fuji-sa	geren	deo-te	ju-se-be		gai-fi
汗-GEN	身体	福晋-PL	众	弟-PL	儿子-PL-ACC		率-SEQ

hecen-ci	tuci-fi	tanggū	ba-i	dube-de	juwe	dedu-me	okdo-fi.
城-ABL	出-SEQ	百	里-GEN	外-DAT	二	宿-SIM	迎-SEQ

汗亲自率领福晋和诸弟儿子们，出城百里以外，待了二宿相迎。（《满文老档》）

例句（5－21）中"汗亲自率领"中的"亲自"采用了形象性的 han-i beye"汗的身体"代替 han"汗"作为行为主体率领福晋和诸弟儿子们，"亲自"即"身体力行"，表明了"亲自"语义和"身体"语义的联系性。

（5－22）

aika	amban	mini	gisun	holo	tašan	o-ci		loho	fufun
如果	臣	1SG.GEN	话	假	错	AUX-COND		刀	锯

mucen	hacuhan-i	erun-be	amban-i beye-de		nike-bu-ki.
鼎	镬-GEN	刑法-ACC	臣-GEN 身体-DAT		依靠-CAUS-OPT

如果臣的话假有错的话，那么刀锯鼎镬各种刑法都可以加在我的身上。

（如果臣言虚谬，刀锯鼎镬即加臣身。）（《择翻聊斋志异》）

例句（5－22）中 amban-i beye"大臣-GEN-自己"用于指代"我"，采用属格 -i 连接 amban 和 beye，可见 beye 作为"身体"还需要从属于某个行为主体，表明 beye 的"自己"和"身体"语义还未完全分离。

我们在 5.2.1.1 中已做分析，beye 的"身体"语义是"亲自"和"自己"语义的来源。可见，无论 beye 是标记"思维主体"，还是标记"传达主体"，均源自 beye 的"身体"原型语义。beye 的"身体"原型语义特征在一定程度上作用于"亲自"和"自己"语义的句法和语用选择。具体而言，beye 在表示"亲自"语义时，仍然保留其"身体"语义的部分名词性特征，并未完全发展为副词，表现为 beye 有时与前词连接须采用名词属格标记 -i 连接的特征。同样地，beye 在表示"自己"语义时，原型语义来源为"身体＝自己"，其语义来源使得 beye 表示更多的物质性意义，表现为满语 beye 标记"行为主体"的施事动作更为常见，同时暗含"身体力行"的"亲自"意义；在表示意愿的传达主体时，"beye"标记则较为少见，意愿主体多用第一人称代词 bi 编码，如例句（5－23）所示。

（5－23）

<u>bi</u>　　feshen efen　je-ki　　　se-mbi.

1SG　撒糕　　　　吃-OPT　　AUX-TAM

我想吃撒糕。（《清语问答四十条》）

同理，在描述说话人内部感受，表达"内部的自己"的场合，虽然可以采用 beye 编码，但表达"内部的自己"的情感活动时更常使用 dolori "心里"。例如：

（5－24）

a. <u>dolori</u>　　ulhi-he.

　　心　　　清楚-PRS

　　心中明白。（《满汉大辞典》）

b. <u>dolori</u>　　gūni-mbi.

　　心　　　想-PRS

　　心中暗想。（《满汉大辞典》）

5.2.1.4　beye 是人类主体性和客体性两面属性的认知编码

人类具有主体属性和客体属性。主体性为行为主体和意识主体，客体性为客观的物质属性。第一人称"我"作为人类主体自指，具有主体性和客体性两面属性。满语对"我"具有的主体属性和客体属性编码如表 5 – 4 所示：

表 5 – 4　满语"我"的主体性和客体性编码方式

	我	
主体属性	bi	beye
客体属性	beye	

满语 beye 可以同时编码人类主体"我"的主体属性和客体属性。前述的 beye 的主体属性表现为既可以编码施事"行为主体"，也可以编码"意识主体"。beye 的客体属性则表现为 beye 可以作为动作行为实施的客体对象。如，例句（5 – 25）beye 表示主体属性，例句（5 – 26）beye 表示客体属性。

（5 – 25）

a.　beye　cooha-i　amala　fiyanjila-me　nadan　inenggi　otolo　teni

　　自己　兵-GEN　后　断后-SIM　七　日　内　才

　　bedere-he.

　　回-PAST

　　自己（留下）断后，七天以后才回来。（《八旗满洲氏族通谱》）

b.　tuwa-de　fiyakū-me　nei　tuci-ki　se-ci　　wenje-re-de

　　火-DAT　烤-SIM　汗　出-OPT　AUX-COND　热-PRS. NMLZ-DAT

taran　waliya-me　<u>beye</u>　ali-me　mute-ra-kū.

汗　　流汗-SIM　身体　受-SIM　能-PRS-NEG

想用火烤（让他）出汗，但因发热大汗淋漓，（他）身体受不了。
（《尼山萨满》）

例句（5－25）a 和 b 两句相比，句 b 中 beye 作为"被动接受某个状态"的主体。

（5－26）

a.　cooha　ili-fi　<u>beye-be</u>　akdula-ra　　　jalin

　　兵　　立-SEQ　自己-ACC　巩固-PRS. PART　为了

　　kice-he　　　　teile　bi-he-ni.

　　努力-PAST. PART　只　　AUX-PAST-INT

　　兴兵图其为巩固自己而已。（《平定金川方略》）

b.　fak　se-me　acabu-me　　banji-ha-ngge-be

　　敦实　AUX-SIM　合-SIM　　生长-PAST-NMLZ-ACC

　　sabu-ha-de　　　　　giru-fi　<u>beye</u>　beye-be　　firu-mbi.

　　看见-PAST. NMLZ-DAT　羞-SEQ　自己　自己-ACC　埋怨-PRS

　　见到敦实而又长得合体的人，羞得自己埋怨自己。（《满汉成语对待》）

c.　suwe　uthai　<u>beye-i</u>　helmen　<u>beye-i</u>　　uncehen-i　adali

　　2PL　就　　身体-GEN 影　　身体-GEN　尾-GEN　　一样

　　fakca-ci　　ojo-ra-kū.

　　断-COND　可-PRS-NEG

　　你们就像影之随形、尾之在身一样，不可分离。（《满文老档》）

例句（5－26）b 中的 beye beye-be firumbi "自己埋怨自己"，第一个
beye 表示主体属性，第二个 beye 表示客体属性。

5.2.2　满语反身代词的语法化认知过程

反身代词 beye 在从"身体"语义向"自己"和"亲自"语义发展的过程中，其"身体"语义逐渐虚化，语法功能增强。在这个过程中，beye 逐渐附带词缀性质，具有词缀化发展倾向，呈现了语法化发展。

beye 的语法化发展体现了人类逐渐意识到"主体"与"身体 = 自己"之间的区别，并从认知中将"主体"与"身体 = 自己"分离的思维过程。

5.2.2.1　beye 语法化过程反映"主体"和"意识"的分离

人类的身体是物质性的，人类的意识处于身体之中，因此，在早期人类认知中，身体与意识不可分割，身体与意识是一体的，我们将之称为"身体与意识的共同体"。随着思维的进化，人类逐渐在认知中将身体与意识分离，我们将之称为"身体与意识分离"。从"身体与意识的共同体"到"身体与意识分离"的认知过程在语言中反映为 beye 的语义功能演变和语法化发展过程。

根据上述的讨论，满语 beye 的语义功能演变和语法化过程，可分析为如下三个阶段：

第一阶段：beye 表示"身体 = 自己"，即"身体"和"自己"概念同体。

这一阶段认知主体与"身体"和"自己"处于完全一体化状态，尚未在认知中区分"身体"与"自己"的概念，在认知中身体与意识为共同体。

第二阶段：beye 表示"自己 = 亲自"，即"自己"和"亲自"概念同体。

这一阶段的 beye 表现为与人称代词连用构成"人称代词 -beye"构式，呈现了反身代词的意义特征。beye 与表达"思维主体"或"意识主体"的人称代词连用，"思维主体"或"意识主体"同时具备"自己"和"亲自"的语义功能，反映了认知主体思维中的"身体"与意识主体"自己"正在分离，处于从将要分离到完全分离的中间过渡阶段。beye 已具有词缀化倾向，与人称代词一起承担类似英语 -self 的功能。

第三阶段：beye 表示"亲自"。

这一阶段的 beye 可以自由接在主体名词之后，反映了认知主体思维中已经将"身体"与意识主体"自己"完全分离，"身体"可以由行为主体或意识主体支配，在人类认知思维中完成了意识主体"我"与"自己"的分离，即"身体与意识分离"的过程。

如，例句（5 - 27）a 中第一人称代词反身形式 mini beye 指代主体"我"，表明主体和自己处于一体，尚未分离；b 中 amban-i beye "大臣-GEN-自己"用于指代"我"，采用属格 -i 连接 amban 和 beye，可见 beye 作为"身体"还需要从属于某个行为主体，表明"行为主体"对"自己"和"身体"尚未分离完全；c 中"身体"可以由行为主体"汗"支配，表明主体和自己完全分离。

（5 - 27）

a. mini beye-i　　　　　　boo-de　akū　siden-de.
   1SG. GEN REFL-GEN　家-DAT　无　　间隙-DAT
   我没在家的空儿。(《庸言知旨》)

b. aika amban mini　　 gisun holo tašan o-ci　　　　 loho
   如果 臣　 1SG. GEN 话　 假　 错　 AUX-COND 刀

fufun　mucen　hacuhan-i　erun-be　　amban-i　beye-de

锯　　鼎　　镬-GEN　　刑法-ACC　臣-GEN　身体-DAT

nike-bu-ki.

依靠-CAUS-OPT

如果臣的话假有错的话，那么刀锯鼎镬名种刑法都可以加在我的身上。

（如果臣言虚谬，刀锯鼎镬即加臣身。）（《择翻聊斋志异》）

c. han-i　　beye　fuji-sa　　geren　deo-te　ju-se-be　　　gai-fi

汗-GEN　身体　福晋-PL　众　　弟-PL　儿子-PL-ACC　率-SEQ

hecen-ci　tuci-fi　　tanggū　ba-i　　　dube-de　juwe　dedu-me

城-ABL　出-SEQ　百　　里-GEN　外-DAT　二　　宿-SIM

okdo-fi.

迎-SEQ

汗亲自率领福晋和诸弟儿子们，出城百里以外，待了二宿相迎。

（《满文老档》）

　　人类主体意识通过客体身体存在，即作为主体存在的人处于客体存在的人当中。从这个意义上理解，"主体"与"自己"处于共同体状态。然而，人的"主体"一旦与其客体的"自己"分离之后，"自己"就处于同其他客体相同的位置，具有同其他客体相同的性质。主体与自己发生分离之后，最直接的结果是导致"自己"概念的客体化。"自己"客体化之后，主体能够对作为客体的"自己"进行客观的观察、评价、认知甚至责备。更进一步，人类主体还能够自由地对客体化的"自己"实施各种动作行为。我们接下来探讨"自己"概念的客体化过程。

5.2.2.2 "自己"概念的客体化

　　反身代词呈现了意识主体对自身主体和客体两面性的认知。人类的主体属性和客体属性反映在语言中表现为 beye 具有两面性，即主体方面和客体方面。主体性表现为 beye 表达"内部的自己"语义，客体性表现为 beye 表达物质性的"身体"语义。满语编码人类主体性方面采用人称代词居多，编码人类客体性方面，即将"自己"客体化，则采用 beye 表示。

（5 – 28）

a. ere-be   tuwa-ha-de   umai   ceni   beye

    DEM. PROX-ACC   看-PAST. NMLZ-DAT   全然   3PL. GEN   REFL

    bederce-me   sosoro-ro-ngge   waka.

    退缩-SIM   退-PRS-NMLZ   NEG

    如此可知并非伊等退缩。（《平定金川方略》）

b. damu   ceni   beye-se   gemu   gurun   boo-i   fungnehen

    惟   3PL. GEN   自己-PL   都   国   家-GEN   封号

    hafan-i   temgetu-be   ali-me   gai-ha   niyalma   bime

    官-GEN   凭证-ACC   接受-SIM   取得-PAST. PART   人   而且

    fafun   šajin-be   baha-ra-kū   ishunde   ebdere-me   gasihiya-me

    法   度-ACC   得-PRS-NEG   互相   危害-SIM   损害-SIM

    yabu-ci.

    行-COND

    而他们自己都是受过朝廷封号，接受过号纸的人，但不遵守法度，互相成掳。（《平定金川方略》）

例句（5 – 28）a 中 ceni beye 强调主体方面"他们亲自"，因此，beye 没有采用复数形式；例句（5 – 28）b 中 ceni beyese 强调客体方面的"他们自己"，因此采用了复数形式 beye-se。

上文 5.2.2.1 中阐述了主体与自己发生分离之后，最直接的结果是导致"自己"概念的客体化，主体可以对客体化的"自己"实施各种行为动作等。这样的结果在语言中表现为 beye 具有客体性，可以作为受事被施加行为。"自己"概念客体化发生之后，主体可以杀掉"自己"、破坏"自己"、约束"自己"、责备"自己"。如例句（5－29）所示：

（5－29）

  a. <u>beye-be</u>   beye   ara-mbi.

     自己-ACC   自己   做-PRS

     自杀。(《满汉大辞典》)

  b. <u>beye-be</u>   jafata-mbi.

     自己-ACC   约束-PRS

     约束自己。(《满汉大辞典》)

  c. <u>beye-be</u>   waliya-tai obu-fi   gurun-i jalin fašša-mbi.

     身体-ACC   扔-CVB   致使-SEQ   国-GEN   为   效力-PRS

     委身殉国。(《满汉大辞典》)

  d. <u>beye-be</u>   efule-me   beye-be   waliya-mbi.

     自己-ACC   破坏-SIM   自己-ACC   扔-PRS

     自暴自弃。(《满汉大辞典》)

  e. <u>beye-be</u>   gasa-me   beye-be   dasa-mbi.

     自己-ACC   抱怨-SIM   自己-ACC   修正-PRS

     自怨自艾。(《满汉大辞典》)

例句（5－29）a直译为"亲自杀了自己"或"自己杀了身体"，两个beye指代意义不同，第一个指代客体，表示"身体"语义，第二个指代主体，表示"自己、亲自"语义。

满语中存在指称客观存在的实体或物体的词语fun beye"本人、原身"，从侧面表明beye具有的客体化属性。如例句（5－30）所示：

（5－30）

gaitai   emu   jahūdai   dule-me   dolo   emu   sakda   mama   asihan

忽然   一   船   过-SIM   内   一   老   奶奶   年轻

hehe   te-mbi.   asihan   hehe   fuhali   geng niyang-ni   <u>fun   beye</u>

女人   坐-PRS   年轻   女人   完全   庚娘-GEN   本   身体

seme   ferguwe-fi.

COMP   惊奇-SEQ

忽然看见一只船里坐着一位老太太和一位少妇，奇怪的是那个少妇很像庚娘本人。（《择翻聊斋志异》）

主体和客体的分离在跨语言事实中亦可得到观察，例如，汉语中的"分身乏术""替身"等词语。主体和自己的分离是易于普遍发生的语言现象，导致主体与自己分离的语言因素，最初或许是描述人的意识作用的述语表达的偶然事件。在述语偶然支配身体动作的描述中，人作为动作主体，在"自己"的身体中支配了"自己"，成为主体与自己开始发生分离的契机。

客体是客观存在的，人类主体将身体客体化之后，身体作为客体便可以被主体的动作行为所支配。人的身体及身体部位是反映人类客体性的典型方面。但是，人类主体只要寄宿在身体中，主体和自己的完全分离就不会成立。也正因为如此，满语人称代词与 beye "自己"得以结合，以"人称代词属格 -beye"和"名词 -属格 -beye"的构式结构表现主体和自己的不完全分离。

"主体"支配客体"自己"的表达方式，在英语和日语中具有差异。在英语中，自己作为客体一般采用 -self 形式表达；在被主体支配时，-self 形式可以代替身体部位。在日语中，主体寄宿于身体及其部位，因此，反身代词"自分（じぶん）"不能指代身体部位，在表达人类主体支配身体某部位时，必须使用表示该身体部位的词语。例如：

(5 – 31)

a. John shaved himself.

"约翰剃胡子。"

b. 太郎は自分の顔を洗った。

"太郎洗自己的脸。"

满语在表达意志主体支配自己身体时，与日语表达基本相同，客体"自己"不能省略。或许由于 beye 表达身体语义是原型范畴，beye 的反身用法受到其原型范畴的制约。表达反身意义的 beye 是通过某行为主体支配某人的"身体"得以完成行为的。在满语中，主体与自己一体化共存阶段，即"主体"在"自己的身体"中支配"自己"的阶段，反映在形态上的特征是不使用"人称代词 -beye"形式表达"自己"和"身体"，甚至有时省略支配主体的主语，如例句（5 – 32）所示：

(5 – 32)

a. fak se-me   acabu-me banji-ha-ngge-be

敦实 AUX-SIM 合-SIM   生长-PAST-NMLZ-ACC

sabu-ha-de   giru-fi   beye beye-be   firu-mbi.

看见-PAST. NMLZ-DAT 羞-SEQ 自己 自己-ACC 埋怨-PRS

见到敦实而又长得合体的人，羞得自己埋怨自己。（《满汉成语对待》）

b. hiyang wang hūsun moho-fi   beye-be beye ara-ha.

项   王   力气   尽-SEQ   自己-ACC 自己 做-PAST

项王力尽自刎。（《百二十老人语录》）

满语 beye 通过以下两种语义路径从"主体和意识共同体"状态中切离出来。

a. beye 表达可以被主体支配的"自己",是完全发生客体化的结果。

b. beye 表达不被主体支配的"自己",多为害怕、生气、担心和惊讶等心理行为。这些行为不是由主体推动自己产生的,而是自然而然出现的无主动意识的行为状态。

"自己"概念的客体化,是通过主体意识到"身体"得以完成的。"身体"和"自己"所指的同一性决定了两者概念不可分离。在"自己"被客体化之前,"自己"是"身体","身体"是"自己","自己"与"身体"是等同的。人类将自己客体化的思维起点或许是观察到身体影子或水中倒影,偶然间意识到自己与身体的联系。人类通过外界镜像观察身体形态并认识自己,意味着主体和自己发生分离的开始。

主体和自己的分离未必由人的意识作用决定。害怕、惊讶和生气等描写心理状态等变化的动词述语,使得主体和自己从一体化状态中发生分离。由于害怕、生气、担心和惊讶等心理行为是内心自然产生的东西,因此在这一阶段,意识主体或许还意识不到 beye 是自己的分身。主体和自己分离的过程,是主体无意识地与自己分离的偶然发生的特殊过程。

5.2.2.3 引发主体与"自己"分离的可能认知动机

人类的行为并不必须清晰明确地区分为意识性行为和非意识性行为。动词述语在表示意识性行为时,容易引发主体和自己之间的分离,意识性行为发生时,人的主体在身体中支配自己,主体和自己之间的分离开始发生。有些述语动词描述的行为,既可以解释为身体行为,也可以解释为心理行为。前者容易引发主体和自己的分离,后者则是主体无意识地发生与自己分离的过程。一般来说,主体和自己的分离是身体方面和意识方面分离的作用共同导致的结果。从主体和自己一体化共存的状态发展到完全分离的状态,存在多个阶段。同样的事件,也会根据言者认知方式的不同而使用不同的标记,如例句(5-33)所示:

(5 – 33)

bi	beye-be	bodo-ci	ai	jergi	niyalma.
1SG	自己-ACC	谋-COND	什么	等	人

自揣何人。(《满汉大辞典》)

该句中的主体 bi "我" 开始审视 beye "自己"，在语言中呈现出意识主体对客体化的 "自己" 的认知，进而实现 "主体" 与 "自己" 的分离。

转喻认知机制在反身代词语法化进程中亦发挥作用。转喻机制可以解释人类语言认知活动中的各种思维要求，体现人类整合概念的思维意志。人类思维不是无秩序的、混沌的，而是具有强烈寻求秩序性、合理性的倾向。根据转喻的分类，"控制的东西表示被控制的东西"（Lakoff 和 Johnson，1980）。反身代词呈现的 "主体和客体共同体" 与该转喻表现类型相当。意识主体控制身体，转喻机制促使在语言中采用该意识主体表示被控制的身体，其结果是意识主体和客体的两个意义在同一个形式 beye 上共存。

5.2.2.4　反身代词指向性认知路径

如前所述，满语 beye 是人类对主体性和客体性两面属性的认知编码。人类具有作为主体存在和客体存在的两面性。作为主体存在的人，是知觉、意志、判断等行为的意识主体。作为客体存在的人，与身体的物质性相关。身体是人的客体性物质基础，其他客观获得的方面包括性格、社会地位、行为等方面也属于客体方面。基于此观点，反身意义可以定义为 "人类主体支配本体客体"，人的身体本体具有客体性，构成客体的一部分，反身代词 beye 表达客体的 "自己"，因为还具有主体性，因此与人类主体能支配的其他客体不同。

综上所述，满语反身代词 beye 的三种语义 "身体" "自己" "亲自" 及其表现形式反映了主体和客体的两面性以及两面性的结合。满语 beye 语义功能分布和指代意义的认知路径表明：首先，人类从主体中分离出 "身体、自己"，将之概括为 beye，初步认识到身体和自己具有主体和客体的统一性；其次，人类开始产生对"主体"和"客体"的分离认知，"人称代词属格 -beye"形式同时具备了"主体"和"客体"特征，给予我们一种位于中间过渡位置的印象；最后，beye 表示被主体完全支配的客体，表明人类客体方面完全从主体中分离出来。

5.3　满语疑问代词语法化认知机制

在满语中，整个疑问代词体系呈现出类似的、从疑问功能向非疑问功能的语义和语法演变的较为规律的现象。疑问代词从疑问功能向非疑问功能演变体现了疑问代词语法化的过程，因此，疑问代词的各种非疑问功能的语法特征可以视作疑问词向非疑问词发展的语法化过程。

本节以共时研究视角，比较满语疑问词的疑问功能与非疑问功能的语法特征，从句法和语义两个维度观察满语疑问代词的语法化过程，并对驱动满语疑问代词语法化产生的认知机制进行探讨。

5.3.1　满语疑问代词的非疑问功能及语法化路径

满语疑问代词具有非疑问功能，非疑问功能包括不定代词、连词和感叹词等功能。我们以满语疑问代词 aika、absi 和 udu 为例，从共时语用角度观察其在不同语境中的疑问程度，探讨其语法化路径。

5.3.1.1　满语疑问代词 aika 语法化发展路径

满语疑问代词 aika 具有如下（1）～（5）的疑问、反问、不定指代、推测和假设功能，从例句（5－34）～（5－40），疑问度依次下降，语法化程度逐渐升高。

（1）疑问功能

aika 用于构成特殊疑问句式，表达语义"什么"，如例句（5－34）所示：

(5－34)

a. <u>aika</u>　amtangga-o.

什么　有趣-QM

有什么趣吗？（《重刻清文虚字指南编》）

b. ce　muse-i　uba-be　<u>aika</u>　seme　fonji-ha-o.

3PL　1PL-GEN　这里-ACC　什么　COMP　问-PAST-QM

他们问过咱们这里什么吗？（《庸言知旨》）

c. amba-sa　<u>aika</u>　bithe　gaji-habi-o.

大臣-PL　什么　书　带来-TAM-QM

大臣等带有何等印文。（《满汉大辞典》）

d. sanjul-se　sini　deo　danji-de　daci　<u>aika</u>　kimun

三柱儿-PL　2SG.GEN　弟　丹济-DAT　原　什么　仇

bi-he-o.

有-PAST-QM

三柱儿等与你兄弟丹济原有什么仇吗？（《新满汉大词典》）

e. <u>aika</u>　baita.

什么　事情

何事？（《新满汉大词典》）

（2）反问功能

aika 用于构成反问句式，表达语义"难道"，如例句（5－35）所示：

(5－35)

a. <u>aika</u>　sain　akū　semeo.

什么　好　NEG　QP

难道不好吗？（《重刻清文虚字指南编》）

b. <u>aika</u>　mejige　akū　semeo.

什么　消息　无　QP

难道没信吗？（《满汉大辞典》）

（3）不定指代功能

aika 用于不定指代，限定修饰中心词，表达语义"什么（事物），某（事物）"，如例句（5 -36）所示：

（5 -36）

a. bi   ini   gisun-i   mudan-be donjici   sinde

   1SG   3SG. GEN 话 -GEN   调 -ACC   听 -COND   2SG. DAT

   <u>aika</u>   jaka   bai-ki   sere   gese.

   某   东西   寻-OPT   AUX. PART 似的

   我听他的话音儿，像要和你寻什么东西。（《清文启蒙》）

b. wan ara-ra   moo-be   daiming-ni tungse <u>aika</u> baita-de

   梯   做-PRS   木-ACC   明朝-GEN   通   某   事-DAT

   ji-me   sa-ha-de……

   来-SIM   见-PAST. NMLZ-DAT

   做云梯的木头，恐怕被明朝的通事因某事求见时看见……（《满洲实录》）

aika 在不定指代功能上进一步发展为表达语义"各种各样的"的限定性修饰词，如例句（5 -37）所示：

（5 -37）

a. <u>aika</u> jaka.

   各种 东西

   一应物件。（《新满汉大词典》）

b. ini   taktu ninggu-de <u>aika</u> jaka jalu muhaliya-habi.

   3SG. GEN 楼   上 -DAT   各种 东西 满   堆-TAM

   现在在他的楼上堆放着很多东西。（《新满汉大词典》）

（4）推测功能

aika 用于构成推测句式，表达语义"想必、莫非"，如例句（5-38）所示：

（5-38）

a. ere   baita-be   aika   icihiya-me   mute-ra-kū-i
   DEM. PROX 事-ACC   什么   办-SIM   能-PRS-NEG. NMLZ-GEN

   gese.
   一样
   这事儿想必是不能办成。(《重刻清文虚字指南编》)

b. aika   baita   ji-he   dere.
   什么   事   来-PAST   INT
   莫非有事而来。(《满汉大辞典》)

（5）假设功能

aika 用于条件句式，具有连词特征，表达语义"假如、如果"，如例句（5-39）所示：

（5-39）

a. aika taci-ra-kū   o-ci   adarame giyan-be sa-me
   假如 学-PRS-NEG   AUX-COND 如何   理-ACC   知道-SIM

   mute-mbi.
   能-PRS
   设若不学，岂能知理。(《满汉大辞典》)

b. aika jaka jafa-ci   suwe aca-ra-be   tuwa-me
   什么 东西 拿- COND   2PL   适合-PRS. NMLZ-ACC 看-SIM

   gaisu.
   接受. IMP

若是赠送东西的话，你们酌情接受。(《异域录》)

c. <u>aika</u>　aldasi　o-ci　　　siden-deri　mekele　baitakū　niyalma

假如　中途　AUX-COND　中间-PRL　徒劳　无用　　人

o-mbi.

成为-PRS

倘半途而止徒于其间，则成一无用之人也。(《上谕八旗》)

d. <u>aika</u>　cooha-i　ba-de　　　balai　gisun　　banji-bu-fi

若　　军-GEN　地方-DAT　胡乱　话　　　生-CAUS-SEQ

ulandu-me　algiša-ra-ngge　　o-ci　　　　tere-i　　　weile

传播-SEQ　宣扬-PRS-NMLZ　AUX-COND　DEM-GEN　罪

ele-i　　ujen.

更-GEN　重

若在军前造言传播，其罪更重。(《上谕八旗》)

aika 在表示假设的功能上，发展出 aikabade 的惯用形式，表达语义"倘若、如果"，例如：

(5－40)

a. <u>aikabade</u>　šansi　golo-i　　hafan　cooha-be　baha-fi　aisila-bu-re

如果　　陕西　省-GEN　官　　兵-ACC　得-SEQ　助-PASS-PRS

o-ho-de　　　　ele　tusa　o-mbi.

AUX-PAST-DAT 更　益　成为-PRS

若得陕省官兵相助，更为得济。(《平定金川方略》)

b. <u>aikabade</u>　šolo　baha-ra-kū　　o-ci　　　　uthai

假如　　空闲　得-PRS-NEG　AUX-COND　立刻

jide-re-be　　　　joo.

来-PRS. NMLZ-ACC　停止. IMP

倘若不得空儿就不用来了。(《清文接字》)

c. i　　aikabade　zewang　rabtan-be　　　muse　aca-fi　　hafita-me
3SG　假如　　策王　　阿拉布坦-ACC　1PL　　合-SEQ　夹-SIM

kice-ki　　seme　gisure-ci,　　suwe　ainaha　　seme
努力-OPT　COMP　说-COND　　2PL　如何　　　COMP

ume　　gisun　bu-re.
PROH　言　　给-FUT

假如他说："让我们合起来夹攻策王阿拉布坦吧！"你们断然不可
应允。(《异域录》)

d. beile　sini　　　　efu　emu　gisun　hendu-fi　unggi-he　bi
贝勒　2SG.GEN　婿　一　　言　　说-SEQ　　遣-PAST　1SG

sinde　　　ala-ci　　　aikabade　jili　banji-fi　mimbe　　koro
2SG.DAT　诉-COND　假如　　气　生-SEQ　1SG.ACC　恨

ara-mbi　ayoo.
做-PRS　INF

贝勒之婿，遣我来言，欲言，又恐触怒见责。(《满洲实录》)

例句（5－34）中 aika 为典型疑问功能，在句末附加疑问语素 -o；例
句（5－35）至（5－40）中 aika 为非疑问功能，aika 的疑问度依次下降，
句末未附加疑问语素 -o。aika 的语义功能依次从疑问功能向反问功能、不
定指代功能、推测功能，再到假设功能发展演变。在这个过程中，aika 的
指称逐步泛化，客观上不再具备确定的指称信息。aika 还发展派生为连词
aikabade，aikabade 要求其后有离格、与格形式名词或假设副动词形式照
应，如例句（5－40）所示。

综上所述，我们基于疑问代词 aika 的语义功能及句法功能，将其非疑
问功能归纳为以下三种类型特征：

a. 限定性不定代词特征。

b. 反问和推测特征。

c. 假设从句中的假设连词特征。

以上三种语义功能类型同时也是疑问代词 aika 的语法化发展路径。

5.3.1.2 满语疑问代词 absi 语法化发展路径

满语疑问代词 absi 具有如下（1）~（3）的疑问、不定指代和感叹功能，从例句（5－41）~（5－44），疑问度依次下降，语法化程度逐渐升高。

（1）疑问功能

absi 用于构成特殊疑问句式，表达语义"往哪儿"，如例句（5－41）所示：

（5－41）

ederi　　　　　　　absi　gene-mbi.

DEM. PROX. PRL　哪里　去-PRS

从这儿往哪里去?（《重刻清文虚字指南编》）

（2）不定指代功能

absi 用于不定指代，表达语义"怎样、如何"等，如例句（5－42）所示：

（5－42）

a. absi　ojo-ro-be　　　　　　sa-rkū.

　怎么　成为-PRS. NMLZ-ACC 知道-PRS. NEG

　不知怎么样，不知怎么好。（《新满汉大词典》）

b. absi　tuwa-ci　　absi　icangga.

　怎么　看-COND　怎么　舒服

　怎么瞧，怎么舒服。（《新满汉大词典》）

c. absi kundule-re-be   sa-rkū   o-ho.

怎么 恭-PRS.NMLZ-ACC   知道-PRS.NEG   成为-PAST

不知如何恭敬才好。(《异域录》)

absi 的不定用法形成惯用结构 absi ocibe，表达语义"无论如何，不管怎样"等，如例句（5－43）所示：

（5－43）

a. absi ocibe ojo-ra-kū-ngge   akū.

怎么 无论 可以-PRS-NEG-NMLZ   无

不管怎样，没有使不得的。(《重刻清文虚字指南编》)

b. absi ocibe inu gemu emu adali.

怎么 无论 也 都 一   相同

无论怎么样也都是一样。(《重刻清文虚字指南编》)

（3）感叹功能

absi 表达感叹语气，表达语义"多么，何等"等，具有程度副词特征。如例句（5－44）所示：

（5－44）

a. absi   simeli.

多么 凄凉

好不凄凉。(《满汉大辞典》)

b. absi   koro.

多么 伤感

好不伤感。(《满汉大辞典》)

c. absi   hojo.

多么 好

多么畅快。(《满汉大辞典》)

d. sikse dobori <u>absi</u> beikuwen amu tolgin-de beye-hei gete-he.

昨 夜 多么冷 睡 梦-DAT 冻-CVB 醒-PAST

昨夜多冷啊，（我）在睡梦中冻醒了。(《一百条》)

例句（5－41）中 absi 表示比较典型的疑问语气；例句（5－42）中
absi 不具有疑问功能，泛指性质、状况和方式，正在向不定代词发展，指
称逐步泛化，客观上不再具备确定的指称信息；例句（5－44）中 absi 不
具有疑问功能，语义虚化为感叹语气的标记词。

通过以上满语语料分析，我们依据疑问代词 absi 的句法语义功能，将
其归纳为以下三种类型特征：

a. 典型疑问词语义特征。

b. 副词性不定代词特征。

c. 感叹句标记词特征。

这三种语义功能类型同时也是疑问代词 absi 的语法化发展路径。absi
从较为典型的疑问功能向泛指性质、状况等不具备确定指称信息的不定代
词功能发展，随着指称逐步泛化，进而语义虚化为感叹语气的标记词。

5.3.1.3 满语疑问代词 udu 语法化发展路径

满语疑问代词 udu 具有如下（1）～（3）的疑问功能、不定指代功能
和转折功能，从例句（5－45）～（5－47），疑问度依次下降，语法化程
度逐渐升高。

（1）疑问功能

udu 用于构成特殊疑问句式，表达语义"多少"，如例句（5－45）
所示：

（5 – 45）

a. suwe-ni   boo-de   <u>udu</u>   anggala   bi.
   2PL-GEN   家-DAT   几   口   有

   你们家里有几口人？（《新满汉大词典》）

b. ayuki   han   geli   fonji-me   age-se   <u>udu</u>   bi.
   阿玉气 汗   又   问 -SIM   阿哥-PL   几   有

   阿玉气汗又问："有几位皇子。"（《异域录》）

c. <u>udu</u>   yan   menggun   sali-re.
   几   两   银   值-FUT

   值多少银子。（《新满汉大词典》）

（2）不定指代功能

udu 具有不定指代意义，表达语义"数、几、若干"等，如例句
（5 –46）所示：

（5 –46）

a. ehe   cira   sisa-fi   yaksi-tai   ka-me   inde   <u>udu</u>   gisun
   恶   脸   拉-SEQ   关-CVB   堵-SIM   3SG. DAT 几   句
   ishun   maktaha.
   对着   抛-PAST

   拉下脸来，堵了他几句。（《庸言知旨》）

b. ere   <u>udu</u>   inenggi   meni   tuba-de   absi
   DEM. PROX 几   日   1PL. GEN 那里-DAT   多么
   simengge.
   热闹

   这几天我们那儿（好）热闹。（《一百条》）

c. age   ili   wesihun   te   beleni   buju-ha
   阿哥   立. IMP 向上   坐. IMP 现成   煮-PAST. PART

aniya-i　　efen　　<u>udu</u>　　fali　　jefu.

年-GEN　　饽饽　　几　　个　　吃.IMP

老兄，起来！请上坐，现成煮好的过年饺子吃几个。（《一百条》）

d. te　hanci　niyaman　ere　　　　<u>udu</u>　anggala　teile.

今　近　　亲戚　　DEM.PROX　几　口　　仅

今日至亲只这三四口儿。（《西厢记》）

e. gemun　hecen-ci　si an-de　　isina-ra-ngge　　<u>udu</u>　ba　bi.

京　　　城-ABL　西安-DAT　至-PRS-NMLZ　　几　里　有

京城至西安有若干里程。（《新满汉大词典》）

f. mini　　　　funde　<u>udu</u>　hule　liyoo　turi　uda-bu-rao.

1SG.GEN　替　　几　　石　　料　　豆　买-CAUS-OPT

请代我买几石料豆。（《一百条》）

（3）转折功能

udu 用于转折句式，具有转折连词特征，表达语义"虽然、纵然"，常与附加词缀 -cibe 的转折副动词以及转折连词 seme、gojime 等连用，如例句（5－47）所示：

（5－47）

a. <u>udu</u>　bithe　hula-ha　bicibe　doro　giyan-be　getukele-ra-kū

虽然　书　　读-PAST　尽管　道　理-ACC　清楚-PRS-NEG

虽然读书，不明道理。（《满汉大辞典》）

b. <u>udu</u>　endebuku　akū　secibe　ser　sere　babe

虽然　错误　　无　尽管　微　小　地方-ACC

olhošo-ra-kū-ci　　　ojo-ra-kū

慎-PRS-NEG-COND　可以-PRS-NEG

虽然无过，不可不慎其微。（《满汉大辞典》）

c. si   udu   mimbe   tantame   wa-ha   seme   inu damu

2SG   虽然   1SG. ACC   打-SIM   杀-PAST   尽管 也 只

ere   emu farsi na-be   nantuhūra-ra dabala.

DEM. PROX   一   块   地-ACC 弄脏-FUT   INT

你纵然打死了我，只不过弄脏这一块地罢了。(《金瓶梅》)

d. amba jurgan udu getukele-bu-he   gojime narhūn gisun-be

大   义   虽 清楚-PASS-PAST   而   微   言 -ACC

faksala-ha-kū.

分辨-PAST-NEG

大义虽明而微言未析。(《字法举一歌》)

句（5 – 45）中 udu 为典型疑问用法；句（5 – 46）中 udu 不具有疑问功能，泛指不确定的数量，正在向不定数量的指代发展；句（5 – 47）中 udu 不具有疑问功能，为表示转折意义的连词功能。

通过以上满语语料分析，我们依据疑问代词 udu 的句法语义功能，将其归纳为以下三种类型特征：

a. 典型疑问代词特征。

b. 不定代词特征。

c. 转折从句中的转折连词特征。

以上三种语义功能类型即为疑问代词 udu 的语法化发展路径。

以上我们分析了疑问代词 aika、absi 和 udu 的语法化发展路径，在5.3.2 和5.3.3 中进一步探讨其语法化认知机制的动因。

5.3.2　疑问代词语法化中的主观化和间主观化认知机制

在满语疑问代词语法化过程中，主观化和间主观化认知机制发挥了主要的促进作用。下文我们尝试阐述两个机制对满语疑问代词语法化发展路径的影响。

5.3.2.1 疑问代词语法化中的主观化机制

一个语言形式的意义若发生演变，则必然具有理据性。我们从5.3.1中满语疑问代词的发展可以观察到，疑问代词向不定代词发展阶段是代词走向其他词类及功能用法的必经路径。疑问代词向不定代词发展，是从不确定性的定指向确定性的不定指的发展，该发展方向基于人类认知的"主观化认知机制"。

主观化认知机制体现在人类对语言认知的许多方面，不同学者对语法化机制存在不同的认识。[①] 主观化认知机制是促进语法化的重要机制，在语法化过程中表现为以下的演变过程[②]：

a. 命题功能转向言谈功能；

b. 客观意义转向主观意义；

c. 非认识情态转向认识情态；

d. 非句子主语变为句子主语；

e. 句子主语变为说话者主语；

f. 自由形式变为黏着形式。

主观化认知机制作用主要体现为由客观意义转向主观意义。观察满语疑问代词语法化路径，疑问代词从疑问功能向非疑问功能发展的过程，可归纳为客观化指代向主观化指代的演变过程。疑问代词的典型疑问功能是陈述对客观现实的疑问，指代内容为未知的却确定的客观存在的人或事物。非疑问功能中的不定指代功能则产生了主观性和客观性结合的特征：

---

① 参见 Hopper 和 Traugott（2003）；Bybee（1994）；王寅（2005）。

② 根据 Traugott（1995）的观点创建。

客观性表现在其非疑问的不定指称方面；主观性表现在通过不定代词的指代，体现言者对某个事物推断的态度。疑问代词发展到推测功能和感叹句标记词功能阶段，用于表示言者对某个事件推测、肯定或否定的情感态度，具有主观性特征，但是并未完全发生主观化结果，还具有间接主观化的特征。

（5－48）

a. aika jaka jafa-ci suwe aca-ra-be tuwa-me
什么 东西 拿-COND 2PL 适合-PRS. NLM-ACC 看-SIM

gai-su.
接受. IMP

若是赠送东西的话，你们酌情接受。（《异域录》）

b. absi tuwa-ci absi icangga.
怎么 看-COND 怎么 舒服

怎么瞧，怎么舒服。（《新满汉大词典》）

如例句（5－48）所示，疑问词 aika 表示"任何什么人（或东西）都"，absi 表示"无论怎么样"，其询问和传疑功能已经消失，不再表示客观语境，带有主观标记性。aika 和 absi 表达言者对某类人或事物的概括，意义由客观提问演变为言者对命题内容的主观推测和主观态度，成为完全主观化的意义成分。前文提及的 absi ocibe "多么、如何"等惯用句式的出现亦适用于表达主观化意义。

从某种程度上来说，疑问代词作为疑问语义功能的典型特征向非疑问语义功能的演变，与句法环境的改变密切相关。在这个过程中，客观语言形式逐渐获得抽象语用功能，而这种抽象的演变过程就是主观化过程。

在满语疑问表达中，疑问代词和疑问语素 -o 几乎不同现，疑问代词和疑问语素可与疑问语气词同现。

(5-49)

a. ere　　　　ai　　jaka　ni.

　DEM. PROX　什么　东西　INT

　这是什么东西呢？（《重刻清文虚字指南编》）

b. ederi　　　　　absi　　gene-mbi.

　DEM. PROX. PRL　哪里　　去-PRS

　从这儿往哪里去？（《重刻清文虚字指南编》）

c. ini　　　　te-he-ngge　　　umesi　goro　ni-o.

　3SG. GEN　住-PAST-NMLZ　非常　远　　INT-QM

　他住得很远么？（《清文接字》）

d. aika　mejige　akū　　seme-o

　什么　消息　　无　　INT-QM

　难道没信吗？（《满汉大辞典》）

在例句（5-49）中，句 a 出现疑问代词 ai 和疑问语气词 ni；句 b 仅出现疑问代词 absi；句 c 仅出现疑问语素 -o；句 d 疑问代词 aika 和疑问语素 -o 同现，但是该句疑问功能弱化，反问功能增强，并非典型的特殊疑问句。基于目前的语料，笔者推测，满语中疑问代词和疑问语素是否同现，或许取决于言者的主观判断和主观意愿，例如与是否期待回答等相关。

疑问代词 absi 的语法化过程同样受到主观化机制的作用。语法化过程中的主观化机制引发疑问代词 absi 向感叹句标记词的变化。absi 的变化，表明言者通过借助疑问代词形式向名词短语或陈述句附加惊叹或喜悦的个人情感意义转变，逐渐发展为典型感叹句结构，体现了语言中的代词向主观化发展的特征。

主观化认知机制作用在认知主体上，促使疑问代词的主观化发展。表现在满语中，疑问代词发展出不定指称、假设、转折、感叹等非疑问功能。在语法化过程中，疑问代词的存疑度逐渐下降，指称泛化，客观化程度下降；与此同时，伴随着推断程度和感叹程度升高，主观化程度加强。

满语疑问代词的前述几种常见非疑问功能均在某些方面和某种程度上受到语言主观性的影响，从最初的疑问语义和句式发展为特指、泛指甚至纯粹的感叹句标记，最终通过主观化认知过程得以固定为特定的语言形式或句法结构。

人类对客观世界的认知和语言编码离不开人类的主观性认知，因此，语言具有主观性。同时，语言的主观化机制的发展处于人类反复运用的语言实践中，这是一个相互促进的过程。疑问代词向非疑问功能发展不能脱离句法环境的诱发因素。在满语中，疑问代词并不是唯一的疑问手段，当同一句法环境中的另一个疑问手段消失，疑问代词被迫处于非疑问的句法和语义环境中，在认知行为和语言运用的交互作用下，发展出非疑问的如推测、假设、感叹等体现言者情感态度的主观化用法，呈现为语言形式中的语法化发展。

无论是指示代词还是疑问代词，均与语用和语气联系密切，这或许是由于代词的指代意义处于人类对现实世界认知的范畴化起点。代词体系更加靠近人类的主观性，而主观性容易体现在表达情感、语气等方面，因而导致疑问代词的非疑问意义的演变。

5.3.2.2　疑问代词语法化中的间主观化机制

间主观化过程认知机制对疑问代词语法化的影响主要体现为具有疑问功能的 aika、absi 和 udu 等经由反问功能、不定指代功能逐渐用以表达限定修饰、感叹和转折等语用演变过程。参见本章 5.3.1 内容。

以反问功能的形成为例，在某些具体交际场合，言者询问的信息可以凭借自己的主观认识或外在客观情境得到合理答案。反问语境中的言者明确问题的答案，无须听者回答，是言者确认和寻求认可等情感表达多样性的需要。反问在很大程度上只是言者传达个人感受和观点，吸引并希望得到听者认同的语境。听者根据认同或否定给予反馈或不予回复。当听者不回复而言者依然用反问句式吸引听者注意并表达个人情感的这一过程反复达到一定频率之后，便形成疑问代词的语用发展变化。

在人类交际过程中，当疑问词的反问功能逐渐以表达言者情感为主要功能时，语言中便呈现出疑问代词的推测或感叹功能。满语疑问代词 aika 彻底失去询问语用功能表现为推测功能，absi 彻底失去询问语用功能表现为推测功能，正是上述语用活动导致了满语疑问代词语法化发展的结果。可见，疑问代词的语法化过程较大程度上受到语用的影响，体现出"间主观化"的作用。

5.3.3 疑问代词语法化过程中的转喻和重新分析机制

对于满语疑问代词的语用演变而言，除主观化、间主观化认知机制之外，转喻和重新分析也是促发其语法化的主要认知机制。

认知转喻机制对疑问代词语法化的影响，体现在疑问代词 absi 用于表达感叹意义上。absi 的疑问功能弱化，逐渐具有感叹功能，这一过程由认知转喻机制驱动。

Hopper 和 Traugott（2003）指出重新分析是语言变化的主要机制。重新分析是指表层相同的结构，其内部构造因语用或其他原因被重新划分边界，从而从底层上改变了音位、词法、句法的结合方式（王寅和严振松，2005；赵学德和王晴，2009）。重新分析是基于部分与整体、部分与部分的邻近关系的重新组合，与认知的转喻过程相关（王寅，2005）。这种过程导致历史上某一时期一种语法形式同时标示两种语法意义的重叠现象或过渡阶段的出现（张秀松，2011）。[①]

简言之，从表层到底层的影响过程，称为"重新分析"过程。重新分析过程机制突出地表现为满语疑问代词充当假设从句中的连词的现象。疑问代词 aika 向连词的转变可归因为重新分析。如例句（5－50）和（5－51）所示：

---

① 毛安敏：《英语疑问代词语法化的认知机制》，载《海外英语》2012 年第 16 期，第 257 页。

（5－50）

a. ce muse-i uba-be **aika** seme fonji-ha-o.

3PL 1PL-GEN 这里-ACC 什么 COMP 问-PAST-QM

他们问过咱们这里什么吗？（《庸言知旨》）

b. **aika** mejige akū semeo.

什么 消息 无 QP

难道没信吗？（《满汉大辞典》）

c. **aika** taci-ra-kū o-ci adarame giyan-be sa-me

假如 学-PRS-NEG AUX-COND 如何 理-ACC 知道-SIM

mute-mbi.

能-PRS

设若不学，岂能知理。（《满汉大辞典》）

d. **aika** jaka jafa-ci suwe aca-ra-be tuwa-me

什么 东西 拿-COND 2PL 适合-PRS.NLMZ-ACC 看-SIM

gai-su.

接受.IMP

若是赠送东西的话，你们酌情接受。（《异域录》）

（5－51）

a. ederi **absi** gene-mbi.

DEM.PRL 哪里 去-PRS

从这儿往哪里去？（《重刻清文虚字指南编》）

b. **absi** simeli.

多么 凄凉

好不凄凉。（《满汉大辞典》）

在语言形式上，例（5－50）句 a 和句 b 具有相同的表层结构。例句
（5－50）a 中的疑问代词 aika 为其典型疑问用法，用以向听者询问信息；

例句（5－50）b 中的 aika 被重新分析为反问用法；例句（5－50）c 和 d 中的 aika 被重新分析为连接词，用以连接主句和从句两个命题，弱化原本的"疑问"和"反问"的语义特征，强化其所体现的语法关系和逻辑语义关系。同样地，例句（5－51）中充当感叹词的疑问代词 absi 亦可视作重新分析的结果。

满语疑问代词向非疑问词的语法化发展过程表明，位于句首的疑问代词形式虽然得以保留，并在语言表层上形成了相同的句法结构，但是其内部构造因语用或其他原因被重新分析，从而从底层上改变了音位、形态、句法等结合规则，在表层上表现为疑问代词产生词汇语义的多义性。满语疑问代词的非疑问语用变化和语法化发展是主观化、间主观化及重新分析等语言机制共同作用的结果。

第三部分 满语概念结构认知机制研究

第 6 章

满语比较结构认知图式

满语比较结构是满语族群对认知模型"事象图式"进行编码化、语法化而形成的概念结构。满语比较概念基于认知模型的事象图式得以结构化，进而形成满语比较结构。本章参考人类少数基本认知模型，观察满语对认知事象图式的语言编码化过程，解释满语编码人类比较概念的语言结构，探讨认知模型与其认知结果的语言结构之间的关系。

6.1　满语比较概念结构的意义和类型

6.1.1　满语比较概念结构的意义

语言中的比较概念含义宽泛，术语"比较结构"对应各种概念形式和语言形式。比较结构是比基本命题更加复杂的命题概念结构，一个比较命题至少包含四个形式要素：被比较主体、基准项、述部、基准项标志。基本命题形式要素为两个参与项和一个述语，比较结构在此基础上通过副词句或旁格，附加词或附加命题至少增加一个必要构成要素。① 因此，采用何种方法研究比较结构值得探讨。

比较结构方面的相关研究成果，较多基于语言参数来描述比较结构。Jensen（1934）提出比较结构以心理动机为基础，根据 Stassen（1985）的语言数据②，世界语言的大多数比较结构由认知图式的"事象图式"作为概念来源结构派生而来，为基于认知模型审视比较结构提供了方法思路。基于此观点，我们认为，满语比较概念基于认知模型的事象图式得以结构化，进而形成满语比较结构。满语比较结构是满语族群对认知模型"事象图式"进行编码化、语法化而形成的概念结构。

6.1.2　满语比较概念结构的类型

世界语言的比较概念主要类型大致包括 a. 原级、b. 同等比较、c. 优等比较、d. 劣等比较、e. 最高级、f. 强度、g. 过度。③ 满语的比较概念涉及包括同等比较、优等比较、劣等比较在内的比较级和最高级两个类型。④ 在所有比较句中，一部分研究者认为优等比较是最典型的比较结构，Bernd Heine 认为典型比较结构的基础命题包含以下 5 个要素⑤：

X = 被比较主体；Y = 述语；D = 级标志；M = 基准项标志；Z = 基准项。

以上要素概念如何被语言编码结构化，不仅不同语言之间存在差异，同一语言内部根据构成句子方式不同也存在差异。以基准项标志 M 为例，

---

① 参见 Bernd Heine，*Cognitive Foundations of Grammar*，USA：Oxford University Press，1997。

② 参见 Leon Stassen，*Comparison and universal grammar*，Oxford：Basil Blackwell，1985。

③ 参见 Paul Kent Andersen，*Word order typology and comparative constructions*，Amsterdam：John Benjamins Publishing Company，1983：a、f、g 相同，无特定的比较基准项；b、c、d 的比较结构具有形式上的特征；e 在比较形式上不明示，至少蕴含 3 个以上的被比较项才得以成立。

④ 满语原级缺乏特定的比较基准项和形式上的特征，是否为比较结构尚存在疑问，本书将原级排除在比较概念结构之外。

⑤ 比较结构要素的相关术语比较混乱，由中心轴和标记两个术语引起。X 具有"主题、中心轴"等别称；Y 具有"形容词、注释"等别称；D 具有"等级、标记"等别称；M 具有"标记、中心轴"等别称。

有的语言通过附置词或连词编码，有的语言通过格后缀编码，有的语言无任何形式上的表现或表现为零形式。从基准项标志是否强制性的角度观察，有的语言基准项不具有强制性，如泰语；有的语言级标志是强制性的，如英语；而在形式上只出现基准项标志的语言常常缺少级标志，如日语。①

Stassen（1985）认为，比较结构的出现是该结构意义功能的两个或两个以上对象在叙述层次上位于非同一的层次上的结果。我们同时参考 Bernd Heine 的比较结构描述，将满语比较结构定义表述如下：包含两个非同等性事物 X 和 Z，性质或属性的表现 Y，其中，基准项 Z 未被蕴含且明确表示，表示比较结果而非比较过程的概念。即在满语中，满足下面条件的句子为"比较结构"。

（1）比较包含两个非同等事物 X 和 Z，性质或属性的表现 Y；

（2）表示 X 和 Z 之间的非同等；

（3）明确表示基准项 Z；

（4）表示比较的结果，而非比较的过程。

满语比较结构的典型表现如例句（6 – 1）所示：

（6 – 1）

deo	eyun	deri	den.
被比较主体 X	基准项 Z	基准项标志 M	述语 Y
弟弟	姐姐	经格	高

"弟弟比姐姐高。"（《满汉大辞典》）

满语比较结构要素中的级标志 D 在比较结构中是非强制性的，同时，

---

① 英语形容词比较级词缀 -er 作为级标志不可缺省。日语有基准项标志　，缺少级标志。

在非典型命题中，允许被比较主体 X 缺省，基准项标志 M 无形态上的表现，述语 Y、基准项 Z 不允许缺省。基准项标志 M 由格标记，接续词、后置词编码。

满语比较概念类型有比较级结构和最高级结构。最高级结构作为比较概念结构的一种，是以比较结构为模型生成的。最高级结构与比较级结构相比，为有标记的范畴。最高级结构中的比较基准项 Z 被置换成可能比较的所有个体的整个集合。因此，比较结构的事象图式建构同样适用于最高级结构的认知建构方式。我们在 6.2 中将对比较级结构的"事象图式"语言编码化过程展开研究。

6.2　基于"事象图式"的满语比较结构语言编码

在本节我们通过参考人类少数基本认知模型，观察满语对认知事象图式的语言编码化过程，解释满语编码人类比较概念的语言结构，探讨认知模型与其认知结果的语言结构之间的关系。

6.2.1　满语编码比较结构的八个基本图式

比较结构的基础认知模式本质上由少数有限的图式构成。图式是当人类尝试新经验时，基于原有经验形成的心理框架或认知结构之总称。事象图式从具体领域中概括出来，比较结构具有从具体事物派生而来的倾向。该具体诸领域与动作"做什么"，位置"在哪里"，随伴者"和谁"或者存在"有什么"等基本经验相关。Heine（1993）将此类反复发生的经验模板性的叙述称为"事象图式"①。一个事象图式与多个事象图式之间具有共通特点，是从多个关联事象中抽出的重要特征性模型的总汇。

---

① 参见 Bernd Heine，*Auxiliaries：Cognitive Forces and Grammaticalization*，New York：Oxford University Press，1993。

构建某个具体经验领域，表现抽象概念的事物现象的图式数量是有限的。世界上大多数语言可用八个基本事象图式建构，分别为行为图式、位置图式、起点图式、目标图式、对极图式、连续图式、类似图式、主题图式。[①] 在语言的发展过程中，比较概念结构的形成基于基本事象图式的语法化，图式出现的频率因语言不同而有所差异。满语比较结构的来源"事象图式"中，位置图式、起点图式、目标图式以场所概念为基础，其中行为图式、位置图式、起点图式、目标图式、对极图式较为常见，连续图式、类似图式、主题图式则较为少见。

6.2.1.1　行为图式

满语行为图式比较结构的最普遍形式是被比较主体 X 出现在基准项 Z 之前，比较基准项名词句作为表达"超越""胜""负"等概念语义的及物动词直接宾语或非及物动词间接宾语。行为图式中被比较主体作为一种动作主体被表示"胜、负、超过"等动词性概念描述。

在以行为图式为概念起点编码的比较结构中，满语行为图式编码直接使用表达"超越"语义的动词及形容词进行编码，动词多为 dule-"超过"、enggele-"超出"、ete-"战胜"等，形容词多为 fulu"优、强、高超"、lali"胜过"等。

(6-2)

a.　$[\text{sefu}]_Z$-$[\text{ci}]_M$　　$[\text{dule-ke}]_Y$　　　　sain　　$[\text{šabi}]_X$[②]

　　师傅-ABL　　　　超过-PAST. NMLZ　好　　　弟子

　　超过师傅的好弟子。

---

① 参见 Bernd Heine（1997），下文满语图式定式解释部分参考了 Bernd Heine 对事象图式的说明。

② 本章例句中的比较结构命题要素采用方括号"［ ］"及右下标 X、Y、M、Z 标示。X 代表被比较主体、Y 代表述语、M 代表基准项标志、Z 代表基准项。

b. ［mangga kiyangkiyan］_X　dubentele ［uhuken　yadalinggū］_Z- ［be］_M

　　刚强　　　　　　　　　终　　　柔　弱-ACC

　　［ete-ra-kū］_Y.

　　战胜-PRS-NEG

刚强终不胜柔弱。(《菜根谭》)

c. ［sini　　　amala　gai-ha　　　　asiha-ta］_X　yooni　wesi-fi

　　2SG.GEN　以后　取-PAST.NMLZ　年轻人-PL　全　　升-SEQ

　　［sin］_Z　［ci］_M　［enggele-hebi］_Y.

　　2SG.ABL　　　超过-TAM

在你以后选取的年轻人，全升了官，超过了你。(《一百条》)

d. ［obai］_X-i　　　da　banin　　［niyalma］_Z- ［ci］_M　　［fulu］_Y.

　　鄂拜-GEN　本　性　　　人-ABL　　　　　优

鄂拜至性过人。(《八旗满洲氏族通谱》)

e. ［emu　jergi　gisun］_X　kemuni　　［irgebun　bithe

　　一　　等　　话　　　仍旧　　　诗　　　　书

　　hūla-ra］_Z- ［ci］_M　　　　［lali］_Y.

　　读-PRS.NMLZ-ABL　　　胜

一夕话胜读诗书。(《醉墨斋》)

6.2.1.2 位置图式

位置图式的定式是比较对象 X 具有属性 Y，基准项 Z 被置于与 X 相同的位置，表明 X 具有 Z 之上的 Y 属性。满语比较结构位置图式编码以与格词缀 -de 及接续词 dade "并且"、geli "又、再" 等为基准项标志，述语属性 Y 常置于被比较对象和基准项语句当中。

(6－3)

a. ［olhošo-ho］_X　　　［dade］_M　［olhošo-me］_Z　［narhūša-ha］_X

　　慎-PAST.NMLZ　　　并且　　慎-SIM　　　　精-PAST.NMLZ

[dade]ₘ　　　[narhūša-me]_z

并且　　　　精-SIM

慎之又慎，精益求精……（《百二十老人语录》）

b. [niyalma-de　tusa　ara-ra]ₓ　　　　[dade]ₘ　geli　[jaka-be　aisi

人-DAT　　益处　做-PRS.NMLZ　并且　又　　物-ACC　利

o-bu-habi]_z

成为-CAUS-TAM

济人而且利物。（《重刻清文虚字指南编》）

c. [i　　heni　　majige　gosiholo-ro　　　gūnin　akū]ₓ　　[dade]ₘ

3SG　一点儿　稍微　哀-PRS.NMLZ　心意　NEG　　　并且

[gisun　boco-de　urgunje-re　　　muru　tukiye-mbu-he]_z.

言　色-DAT　乐-PRS.PART　模样　举-PASS-PAST

伊毫无哀痛之情，且欣喜见于辞色。（《上谕八旗》）

6.2.1.3　起点图式

起点图式之被比较主体基本不受语法功能的限制，基准项通常被编码为离格副词句。满语将基准项标志编码为离格词缀 -ci 和经格词缀 -deri。起点图式是比较结构中最常见的来源模型，与语序有关，是典型的比较结构。Stassen 的 10 种语言样本中，以起点图式为主的 8 种语言均为动词末尾型（SOV）语言。[①] 满语为 SOV 型语言，起点图式在比较结构来源中占优势。

(6-4)

a. [deo]ₓ　　[eyun]_z-[deri]ₘ　　[den]_Y.

弟弟　　姐姐-ABL　　　　高

---

① Leon Stassen, *Comparison and universal grammar*, Oxford：Basil Blackwell, 1985, p. 40.

弟弟比姐姐高。

b. $[te]_X$　　$[onggolo$　$fon]_Z$-$[ci]_M$　　$[yebe]_Y$

　　今　　　从前　　时候-ABL　　　好转

　　今胜昔。

c. $[uba]_Z$-　$[deri]_M$　　　$[goro akū]_Y$

　　这里-PRL　　　　　远 NEG

　　离此不远。

6.2.1.4　目标图式

Stassen 认为，目标图式与起点图式之间存在互为镜像的关系。[①] 满语目标图式的基准项标志为与格词缀 -de，述部动词支配与格，基准项 Z 作为方向格、受益格、与格等目标方向的参与项。

(6-5)

a. [aba　　saha　bigara-me　yabu-re-ngge]_X　morin-i　deleri

　　打围　　狩猎　野游-SIM　行-PRS-NMLZ　马-GEN　上

　　jobo-ro　　　　　alban　kemuni [anafula-me　unggi-re]_Z-[de]_M

　　辛苦-PRS. PART　差事　尚　　　戍守-SIM　遣-PRS. NMLZ-DAT

　　[duibule-ci　ojo-ra-kū]_Y.

　　比-COND　可-PRS-NEG

　　打围行营是马上的辛苦差使，还比不得戍防去。(《庸言知旨》)

b. boigon i jurgan　gūnin　bi-fi　　aca-bu-me　　yabu-ci

　　户部　　　　意　　有-SEQ　合-CAUS-SIM　行-COND

　　[alban　šulehen-i　baita-be　icihiya-ra]_Z-[de]_M　　　[mangga

　　赋　　税-GEN　事-ACC　办理-PRS. NMLZ-DAT　　难

———————————

① Leon Stassen, *Comparison and universal grammar*, Oxford: Basil Blackwell, 1985, p. 40.

o-mbi]ᵧ.

成为-PRS

户部有意迎合，则财赋难理。(《上谕八旗》)

c. [te   uda-ra]_z- [de]_M   [ja   o-ho]ᵧ   bime uji-re

现在 买-DAT   易 成为-PAST 而且 养-PRS. NMLZ

adula-ra-ngge labdu o-hobi.

牧-PRS-NMLZ 多   成为-TAM

现在购买东西已经容易，放牧的人也就多了。(《上谕八旗》)

6.2.1.5　对极图式

对极图式是处于两个相反极端的模型，并列放置反义性质的对比项。Stassen 指出，该类型语言结构的典型表现为并列比较两个语法独立的名词句，其结构平行，一小句为被比较主体的名词句，另一小句为基准项的名词句，二者实现一致的语法功能。[①] 此外，Stassen 将对比命题称作对立并置结构，解释为 "a 是 p，但是 b 是 q"。[②] 对极图式具有两种下位图式，概念结构如下：

反义对极：X 具有 p 属性，Z 具有与 p 相反的 q 属性
肯定/否定对极：X 具有 p 属性，Z 不具有 p 属性

在满语中，肯定/否定对极中多为隐含比较句，并且被比较项 X 缺省的情况比较常见，如例句（6-6）c 和 d 所示。

---

① Leon Stassen, *Comparison and universal grammar*, Oxford：Basil Blackwell, 1985, p. 44.

② Leon Stassen, *Comparison and universal grammar*, Oxford：Basil Blackwell, 1985, p. 44, p. 38.

(6-6)

a. [usin i　　　weile kice-re　　　　niyalma]ₓ　　[komso]ₚ

農田-GEN　工作　勤-PRS. NMLZ 人　　　　少

[tuwele-me　unca-ra　　　　　hūdaša-ra-de　　　　akda-fi

贩-SIM　　卖-PRS. NMLZ-DAT 交易-PRS. NMLZ-DAT 依靠-SEQ

banji-re-ngge]_Z　[labdu]_q.

生-PRS-NMLZ　　多

务农者少，藉贸易资生者多。(《异域录》)

b. [cira]ₓ　[toro foyoro ilha-i　　gese]ₚ bi-cibe　　[anduhūri]_Z

颜　　桃 李　花-GEN　似　　AUX-CVB　冷

[gecen　nimanggi-i　adali]_q.

霜　　雪-GEN　　一样

艳如桃李，而冷如霜雪。(《择翻聊斋志异》)

c. [be]_Z　　[tere　　gese]_{≠P} akū.

1PL　　　DEM　似　　　NEG

我们不那样。(《异域录》)

d. [meni　　gurun]_Z- [de]_M　[bisi-re-ngge]ₚ inu bi

1PL. GEN　国家-DAT　　　　有-PRS-NMLZ 也 有

[akū-ngge]_{≠P}　inu　bi.

无-NMLZ　　　也　有

在我们国家，这里有的（东西），有；这里没有的（东西），也有。

(《异域录》)

6.2.1.6　连续图式

连续图式①由两个连续叙述结构构成，在时间上，第二叙述接续第一

---

① Heine（1997）将连续图式称为时间图式。

叙述，用连续事项标志"然后""之后"连接，表达"X 具有 p 属性，而且仅在此时 Z 接着出现（即 Z 与 X 相比，属性 p 少）"的意义。位置图式的被比较主体 X 和基准项 Z 发生空间关系，连续图式则建构时间性关系。此图式构成基础含有"先出现的 X 比后出现的 Z 具有更多的 p 属性"的含义。满语以动作发生前后顺序，以及 manggi"之后"、uthai"随之"等接续词为基准项标志。该图式在满语中为非典型图式，p 属性多处于比较成分的小句中，隐含比较语义。

(6 – 7)

a. jete-re   omi-re   etuku adu-ci aname inu urunakū

 食-PRS.NMLZ 饮-PRS.NMLZ 衣 服-ABL 依次 也 一定

 [ahūn deo-de neneme isibu-re]$_X$ [juse sargan-de amala

 兄 弟-DAT 先 送给-PRS.NMLZ 子 女-DAT 后

 isibu-re   jakade]$_Z$ mukūn-i dolo gūsa-i gubci

 送给-PRS.NMLZ 缘故 族-GEN 内 旗-GEN 全

 urse yooni makta-mbihe.

 人 都 称赞-TAM

 下至饮食衣服，也是先送给兄弟然后才是妻子儿女，为此全族全旗都称赞。（《八旗满洲氏族通谱》）

b. [hija-de weniye-me hungkere-fi šahūra-bu-fi]$_X$

 炉-DAT 熔化-SIM 冶炼-SEQ 冷却-CAUS-SEQ

 [dasame tuwa-de šere-mbu-me šeringgiye-fi dabta-mbi]$_Z$.

 再 火-DAT 铁烧红-CAUS-SIM 冶炼-SEQ 锤炼-PRS

 在炉里熔化以后，冷却一下，然后重新烧红了再打。（《满汉成语对待》）

c. jang šeng [eme-be erše-me tušan-i ba-de gene-he]$_X$

 张生 母亲-ACC 侍奉-SIM 职-GEN 地方-DAT 去-PAST

amala   [boigon anggala-be okdo-me gaji-ha]$_Z$.

后   家   人口-ACC   迎-SIM   带来-PAST

张生先接母亲上任去了，然后来接家眷。（《择翻聊斋志异》）

6.2.1.7 类似图式

类似图式呈现被比较主体 X 和基准项 Z 之间类似或同等关系。类似图式既为非同等比较结构，也为同等结构比较的认知模型。同等结构为比较结构提供雏形，以后置词"像……""与……一样"为形式指标。满语类似图式结构基准项标志为离格词缀 -ci 和与格词缀 -de，述语部分多为 adali "相同"、adali aku "不同"、encu "异"、neigen "均调"等词语。

(6-8)

a. [goro yabu-re]$_Z$- [de]$_M$ urunakū [hanciki-ci

   远   行-PRS. NMLZ-DAT   必须   近处-ABL

   deribu-re]$_X$ [adali]$_Y$.

   开始-PRS. NMLZ   一样

   远行必须从近处开始一样。（《字法举一歌》）

b. [muse-i   manju   gisun]$_X$ [nikan bithe]$_Z$- [de]$_M$ [adali

   1PL-GEN 满洲   话   汉   字-DAT   相同

   akū]$_Y$.

   NEG

   咱们满话与汉文不同。（《庸言知旨》）

c. ere   aniya-i   niyengniyeri [aga]$_X$ [galga]$_Z$ inu

   DEM. PROX 年-GEN   春   雨   晴   也

   [neigen akū]$_Y$.

   均匀   NEG

   今春晴雨亦不均调。（《上谕八旗》）

6.2.1.8　主题图式

主题图式中的两个比较对象被比较主体 X 和基准项 Z，作为命题题目出现，后续的小节对其中一个对象进行描述。满语主题图式编码中，X 多为缺省项，定式为"若是 Z，更 Y"，比较句中基准项 Z 以提示助词 oci 或假设副动词为基准项标志，通常伴有 elemangga"更加"、ele"愈加"、esi"正是"等副词。

(6-9)

a. [ainame　maktaša-me　uji]$_Z$- [ci]$_M$　　[elemangga　sain]$_Y$.

　　敷衍　　随意-SIM　　养-COND　　　更　　　　　好

　　随随便便不经心地养了更好。(《金瓶梅》)

b. tiyan ci lang　hendu-me　　　[akū]$_Z$ [o-ci]$_M$　　　[esi　sain]$_Y$

　　田七郎　　　说-SIM　　　　无　　AUX-COND　正是 好

　　se-he.

　　说-PAST

　　田七郎说："没有的话，当然更好。"(《择翻聊斋志异》)

c. aika　cooha-i　ba-de　　[balai　gisun　banji-bu-fi

　　若　　军-GEN 地方-DAT　　胡乱　话　　生-CAUS-SEQ

　　ulandu-me　algiša-ra-ngge]$_Z$ [o-ci]$_M$　[tere-i　　　　weile

　　传播-SEQ　宣扬-PRS-NMLZ AUX-COND　DEM-GEN　罪

　　ele-i　　　ujen]$_Y$.

　　更-GEN　　重

　　若在军前造言传播，其罪更重。(《上谕八旗》)

6.2.2　满语编码"事象图式"的形态句法结构类型

满语比较结构来源于"事象图式"的语法化概念结构，分析各个事象图式与满语句法结构类型的关系，仅限于所观察的范围内，可将满语编码比较概念认知图式的形态句法结构归纳为两种类型：a. 命题－附加语；b. 命题$_1$－命题$_2$。a 结构类型中，通过编码基准项标志引入附加语基准项；b 结构类型中，通过接续词连接两个命题。八个事象图式中，行为图式、位置图式、起点图式、目标图式、类似图式的句法结构和语序基本相同，属于 a. "命题－附加语" 结构类型；对极图式、连续图式、主题图式与命题结构强烈相关联，属于 b. "命题$_1$－命题$_2$" 结构类型。同一图式可用多个不同类型相结合的结构进行编码。例如，行为图式既可用动词编码，也可用形容词编码；类似图式既可用动词编码，也可用接续词编码。

满语比较结构中的级标志 D 是非强制性的，除了语序因素之外，还与比较结构中的基准项标志及述语相关。首先，基准项标志决定附加语的基准项地位，级标志比较作用因此弱化，该推断可以通过观察级标志是否与基准项同现的实例中得以验证。其次，基准项标志与级标志两者意义可能发生合并，使比较意义均由基准项承担。此外，述语决定命题的比较意义导致级标志的非强制性，如，行为图式的述语均可导致级标志的作用弱化。比较结构存在的本质是向听话者传达比较概念，不论要素之间如何编码，命题核心均是通过述部 Y 与基准项标志 M 发生关联，呈现被比较主体 X 与基准项 Z 的区别。因此，述语 Y 和基准项 Z 是比较结构的必要成分，在认知图式的语言编码过程中，不允许缺省述语 Y 和基准项 Z。

第 7 章

满语并列结构认知理据

世界语言中普遍存在着并列现象，语言学家们近年来开始关注语言中的并列（Coordination）和并列结构（Coordinating Constructions）。① Thomas（1997）将并列作为形成分句的方式进行语言的形态句法描写；亦有学者对并列结构的语义从属关系进行研究。最值得关注的是 Haspelmath（2004）根据跨语言观察，对并列结构的句法、形态、语义、并列标记的方式和位置等做了较为全面的提纲式概述。

国内满语语法研究对并列现象研究较少，相关研究关注连词、动词的副动式和联合词组（季永海，2011；刘景宪等，1997），尚未将并列结构作为句法成分从语言结构类型视角对其构成、语义关系进行深入探讨。

本章基于类型学关于并列结构的理论框架，考量并归纳满语并列结构的形态、句法、语义类型，考察并列结构的类型学特征。在此基础上，探讨满语并列结构的认知意义并引发并列结构的认知机制。

---

① 并列和并列结构是两个术语，Thomas E（1997）将并列定义为具有相等句法地位的语言单位连接起来的过程或结果，是组成小句的一种方式。

7.1 并列结构的类型学特征

7.1.1 满语并列结构的定义及分类

Haspelmath 基于不同语族和不同的语言，对并列结构从总体上进行了概述，他认为并列结构的基础是"对称"，具体表述为：如果两个项目 A 和 B 具有同样的地位，这个结构［AB］就被认为是并列的；相反，如果这个结构是非对称的，或者两部分中的一个更加突显或者重要，而其他部分在一定意义上是次要的，那么这个结构就不是并列的。[①]

该定义表明，判断某个结构是否为并列结构，须考察该结构中的语言单位是否具有同等的语法地位。同等语法地位包括两方面内容：a. 同属于一个语法范畴；b. 担当同一个句法成分。

我们采用该定义判定满语中的并列结构，具体可以表述为：满语中具有同等语法地位的两个或两个以上的语言单位（短语、分句）在语句中的结构为并列结构，并列结构中的语言单位之间的关系为并列关系。采用并列策略将两个或多个相等语法地位的语法单位联系起来的过程为并列过程。满语是通过形态变化表达语法功能的黏着型语言，具有同等语法地位的语言单位表现为具有相同的词类范畴和语法形态变化。

并列结构中的语言单位，下文称之为"并列项"。观察语料，满语并列结构中的并列项既可以是短语，也可以是分句。并列结构的短语并列项通常不超过 4 项，分句并列项通常为 2 项，如例句（7－1）和（7－2）所示：

---

① Martin Haspelmath, *Coordinating Constructions*, Amsterdam/Philadelphia：John Benjamins Publishing Company, 2004, p. 3.

（7-1）

NP$_1$ + NP$_2$ + ……NP$_i$（$i \leqslant 4$）

［alin］［bira］①"山河"

［aniya］［biya］［inenggi］［erin］"年月日时"

AP$_1$ + AP$_2$ + ……AP$_i$（$i \leqslant 4$）

［wesihun］［fusihūn］"尊卑"

［kicebe］［hibcan］［tondo］［akdun］"勤俭忠信"

VP$_1$ + VP$_2$ + ……VP$_i$（$i \leqslant 4$）

［beyere］［yuyure］"饥寒"

［jetere］［omire］［efire］［urgunjere］"吃喝玩乐"

（7-2）

CP$_1$ + CP$_2$

a.　anda　si　　［nanging-ni　suje-be　　uda-mbi-o］

　　朋友　2SG　　南京-GEN　绸子-ACC　买-PRS-QM

　　［sujeo　ba-i　　　　suje-be　　uda-mbi-o.］

　　　苏州　地方-GEN　　绸子-ACC　　买-PRS-QM

　　朋友，你在南京买的绸子还是苏州买的绸子。(《老乞大》)

b.　niyalma-i　juleri　bubu baba　　［absi　fonji-re］

　　人-GEN　　前　　吞吞吐吐　　　如何　问-PRS. NMLZ

　　［absi　jabu-re］-be　　　　gemu　sa-rkū.

　　如何　答-PRS. NMLZ-ACC　都　　知道-PRS. NEG

　　在人面前吞吞吐吐的，也不知如何问话，如何应话。(《一百条》)

c.　［antaka　senggime］　　［antaka　haji］　bi-he.

　　多么　　友爱　　　　　多么　　亲密　AUX-PAST

　　曾经何等地友爱何等地亲密。(《一百条》)

---

① 本章样本句中的并列项采用方括号"［ ］"标示，并列结构采用大括号" ｛ ｝"标示。

d. ［ilga-cibe　narhūn　akū］　　　［leole-cibe　getuken　akū］.

辨别-CVB 精细　　NEG　　　　　议论-CVB　清楚　　NEG

择焉而不精，语焉而不详。（《字法举一歌》）

7.1.2　满语的并列策略和并列标记

7.1.2.1　满语的并列策略

满语的并列策略有零策略、词汇策略两种。其中，零策略为满语并列结构的主要策略。

（1）零策略[①]

在满语中，零策略为在派生并列结构的过程中，不采用任何策略直接连接并列项而形成并列结构。并列成分即并列项之间不采用任何语法手段直接连接，即并列标记为零形式。在句子中已经发生形态变化的并列项，仍然保持并列项原本的屈折形态。如下例所示，（7-3）中 a 句为动词祈请形态并列；b 句为动词疑问形态并列；c 句为副动词形态并列。[②]

（7-3）

a. geli　　［wesi-ki］［mukde-ki］　se-ci　　　aina-hai　mute-mbi.

又　　　上-OPT　升-OPT　　AUX-COND　如何-CVB 能-FUT

又要想升腾未必能罢。（《清文启蒙》）

---

① J. Payne（1985）将连接两个分句最简单的方法称为零策略（zero strategy），通常为并列项直接连接。

② 满语并列副动词词缀 -me，接在动词词干之后，有时会表达副动词之间和副动词与谓语动词之间的并列，但是，需要区分副动词与谓语动词之间的关系是修饰关系还是并列关系。例如 far-game amcambi "追赶"，butame jafambi "捕捉"，culuk seme jime genembi "忽来忽去"，语义关系似乎是并列关系，但是从句法及形态方面检验，其修饰关系更为明显。因此，满语并列副动词词缀虽然使用"并列副动词"术语，但是我们不将 -me 作为并列标记，上述例子实质上仍为动词的副动词形态之间的直接连接，属于零策略的一种。

b. sini　　　morin　boo-de　［uji-he-ngge-o］　　［uda-ha-ngge-o］.

2SG. GEN 马　　家-DAT　养-PAST-NMLZ-QM　买-PAST-NMLZ-QM

你的马是在家里养的还是买的?(《老乞大》)

c. jungar-i　　　hūlha　mimbe　　oljila-me　gama-fi

准噶尔-GEN　　贼　　1SG. ACC　俘虏-SIM　带去-SEQ

［ahantu-me］　　［adunggiya-me］　　［takūrša-bu-re］-de

奴役-SIM　　　　折磨-SIM　　　　差遣-CAUS-PRS. NMLZ-DAT

korso-ra-kū　　mujangga-o.

恨-PRS-NEG　果然-QM

"准贼将小的俘去,横加折磨,百般奴役,安能不恨。"(《新满汉
大词典》)

可见,满语动词根据句中表达语法意义的不同发生屈折形态变化,不
同动词的并列采用零策略直接连接,因此保持了各并列项动词原本的形
态,保证了同等语法地位的并列项必然具有共同的语法形态的句法要求。

(2) 词汇策略

词汇策略是以功能词作为并列标记的并列手段,满语连词和后置词可
以作为并列标记连接并列项。

连词并列标记既可用于标记短语也可用于标记小句:标记短语的连词
如 jai "和";标记小句的连词如 gojime①"只是";既可标记短语也可标记
小句的连词如 eici…eici…"或……或……"。

满语中可作为并列标记的连词主要有:

(7-4)

联合关系连词

jai "和、以及"

---

① gojime 要求前面的动词为形动形式。

bime "而且"

emu derei…emu derei… "一面……一面……"

ememu…ememu… "有的……有的……"

ememungge…ememungge… "有的……有的……"

gojime "只是"

选择关系连词

eici…eici… "或……或……"

embici…embici… "或……或……"

…ocibe…ocibe "或……或……"

后置词中表达伴随意义的 emgi "共同" 可以作为并列标记，要求目标名词为属格形式。如例句（7-5）所示：

（7-5）

a. ma guwang dzu-se aiman-i hafan <u>cergi-i</u> <u>emgi</u> tanggūt

马光祖-PL 土司-GEN 官 策尔吉-GEN 一起 唐古特

urse-be gai-fi tuci-fi okdo-ko.

人-ACC 率-SEQ 出-SEQ 迎-PAST

马光祖等带领土司策尔吉率领番目（唐古特）人等出迎。（《平定金川方略》）

b. bi umai <u>sanju el-i</u> <u>emgi</u> uhei danji-be tanta-ha

1SG 根本 三柱儿-GEN 一起 共同 丹济-ACC 打-PAST. PART

ba oron okū.

地方 全然 无

我根本没有同三柱儿共殴丹济。（《新满汉大词典》）

c. jang fei <u>macoo-i</u> <u>emgi</u> geli tanggū mudan funce-me

张飞 马超-GEN 一起 又 百 次 余-SIM

afa-hai　nememe　horon　hūsun　nonggi-habi.

战-CVB 更加　　威　　力气　　增-TAM

张飞与马超又斗百余合，精神倍加。(《三国志演义》)

7.1.2.2　满语并列标记模式

根据语言类型学的跨语言观察，并列结构的标记模式主要有两种：一种是单标并列（Monosyndetic Coordination），Haspelmath 指出单标并列结构的并列标记（Coordinator）位置有 4 种可能的逻辑类型，根据跨语言的使用频率统计呈递降的顺序[1]：

a.［A］［co B］　　　　　　b.［A co］［B］

c.［A］［B co］　　　　　　d.［co A］［B］

另一种标记模式是双标并列（Bisyndetic Coordination），通常有以下两种模式：

a.［co A］［co B］　　　　　　b.［A co］［B co］[2]

在满语中，采用两种单标并列和两种双标并列标记模式。

（1）单标并列

满语中存在上述单标并列中的 b、c 两种类型标记模式。连词标记通常为［A co］［B］标记模式，如例句（7-6）所示；后置词标记通常为［A］［B co］标记模式，如例句（7-5）所示。

（7-6）

a.［hoošan　jai］　　［fi］

　　纸　　　和　　　笔

---

[1]　Martin Haspelmath, *Coordinating Constructions*, Amsterdam/Philadelphia：John Benjamins Publishing Company, 2004, p. 3.

[2]　双标模式中 a 是两个关联标记分别位于两个并列项之前；b 是两个关联标记分别位于两个并列项之后。

［A　　　co］　　　［B］

　　　　　　纸和笔。

　　b.　［tondo　bime］［weihuken］

　　　　　端正　　而且　　　轻便

　　　　　　［A　　　co］　　　　［B］

　　　　　端正且轻便。

（2）双标并列

　　双标并列的两种标记模式在满语中都可以观察到。a.　［co A］［co B］类型标记模式，如例句（7-7）所示；b.　［A co］［B co］类型标记模式如例句（7-8）所示。

（7-7）

tere　niyalma［ememu fon-de　　getuken］　　　［ememu　fon-de　　　hūlhi］.

DEM 人　　　有的　时候-DAT明白　　　　　有的　　时候-DAT糊涂

　　　　　　　　［　co　　A　］　　　　　　［　co　　　B　］

那个人有时明白，有时糊涂。(《重刻清文虚字指南编》)

（7-8）

　　a.　［menggun　ocibe］　　　［damtun　ocibe］

　　　　　银子　　　或　　　　　典当　　或

　　　　　　［A　　　co］　　　［B　　　co］

　　　　minde　　　majige　aisila-rao.

　　　　1SG. DAT　稍微　　助-OPT

　　　　银子也罢，当头也罢，帮我一些。(《清文指要》)

　　b.　［arki　ocibe］　　　［nure　ocibe］　　gemu　sain.

　　　　　烧酒　或　　　　黄酒　或　　　都　　好

　　　　　　［A　　co］　　　［B　　co］

　　　　烧酒也罢，黄酒也罢，都好。(《清语问答四十条》)

7.1.2.3 并列项的省略

满语并列结构中的并列项可以通过表达总括意义的词加以省略，如 jergi "等"，表达列举等意义。

(7 – 9)

a. songgotu-i   <u>jergi</u>   urse

   索额图-GEN   等   人

   "索额图等辈"

b. hūdaša-ra   urse-i   unca-ra   musi   jete-re

   买卖-PRS. PART   人-GEN   售- PRS. PART   炒面   食-PRS. PART

   jaka-i   <u>jergi</u>   hacin   bi-fi   kemuni   omiholo-ro-de

   物-GEN   等   种类   有-SEQ   曾   饿-PRS. PART-DAT

   isina-ha-kū   bi-he.

   至-PAST-NEG   AUX-PAST

   幸亏贸易人出售炒面等食物，不曾有过饿着肚子的日子。

   (《平定金川方略》)

c. jang kiyei-i   <u>jergi</u>   niyalma   dolo   jalingga   komali-be

   张楷-GEN   等   人   心   奸   狡猾-ACC

   hefeliye-re   jakade   tuttu   wesibu-he   bithe-i   dorgi

   藏-PRS. NMLZ   缘故   所以   奏-PAST. NMLZ   书-GEN   内

   buksuri   somishūn   gisun   labdu.

   含混   隐秘   言   多

   张楷等人胸藏诈伪，所以陈奏之词语多含蓄。(《上谕八旗》)

d. deye-re   furi-re   ašša-ra   ili-re

   飞-PRS. NMLZ   潜-PRS. NMLZ   动-PRS. NMLZ   立-PRS. NMLZ

   <u>jergi</u>   jaka.

   等   物

   飞潜动植等物。(《重刻清文虚字指南编》)

7.1.3　并列结构的语义类型特征

命题语义的逻辑关系有合取和析取两种。根据跨语言观察，并列结构的语义可以表达命题逻辑。在满语中，短语和小句并列结构中的并列项之间的语义类型包含了合取和析取两种语义逻辑关系，短语和分句之间的逻辑关系亦可通过并列结构表达。

7.1.3.1　并列结构的语义类型

满语并列结构的语义类型有合取并列、析取并列和转折并列①三种。

（1）合取并列

合取并列表达联合关系，为 and 结构（A and B）／（neither A nor B）。

（7–10）

a.　｛［oros-i　　　　tungsi　　　jai］　　　［cooha］｝-be　kadala-ra

　　俄罗斯-GEN　翻译　　　　co　　　　兵-ACC　　　管理-PRS. PART

　　da-ta

　　头目-PL

　　俄罗斯翻译和通兵头目等。（《异域录》）

b.　［bithe-be　hula-ha　　　bime］［hergen-be　inu　ara-ha］.

　　书-ACC　　读-PAST　　co　　　　字-ACC　　也　　写-PAST

　　（不仅）读了书而且也写了字。（《重刻清文虚字指南编》）

---

①　该分类参考了 Haspelmath、Payne 和 Thomas 关于并列结构的语义类型分类。但是，Haspelmath 认为并列的第三种语义类别为"but"结构，逻辑上称为转折关系（Adversative coordination）。Payne 和 Thomas 所用的术语是排除（Exclusion），为 and not 结构（A and not B）结构。本书采用了 Haspelmath 的转折并列的提法和 Payne、Thomas 的"and not"结构来说明满语并列结构的第三种语义类型。

（2）析取并列

析取并列表达选择关系，为 or 结构（A or B）。

（7－11）

a. ｛［etu-re］　　［etura-kū］｝-de　　ai　　holbobu-ha　　babi.

　　穿-PRS　　穿-PRS-NEG-DAT　什么　关联-PAST. NMLZ　有

　　穿不穿的有甚么关系。（《清文启蒙》）

b. oros　　gurun-de　isina-ha　　manggi

　　俄罗斯　国-DAT　　到达-PAST. PART　后

　　｛［eici　hehesi-be　sabu-re］　　［eici　inje-ci　　aca-ra

　　　或者　女子-ACC　看见-PRS　　或者　笑-COND　应当-PRS. PART

　　baita -de　　teisule]｝-ci　suwe　　ujen　ambalinggū-i

　　事情-DAT　遇见-COND　2PL　　庄重　伟大-GEN

　　arbuša　　　ume　　balai　inje-me　weihukele-me　arbuša-ra.

　　行动. IMP　PROH　胡乱　笑-SIM　轻-SIM　　　行动-FUT

　　到了俄国，或是看见妇女，或是遇到可笑的事，你们必须庄重行
　　事，不可轻于戏谑。（《异域录》）

（3）转折并列

转折并列表达排除关系，为 and not 结构（A and not B），如例（7－
12）所示：

（7－12）

a. ［tusa　akū］　　sere anggala　　［kemuni　kokiran　bi］.

　　益　无　　　co　　　　尚且　　损　　有

　　不但无益，而且有损。（《清文指要》）

b. ［gebu-be　kice-re］　gojime　［yargiyan-be　bai-ra-kū].

　　名-ACC　勤-PRS　　co　　　实-ACC　　　求-PRS-NEG

只务名而不求实。(《重刻清文虚字指南编》)

c. [gosingga] bime [anggalinggū akū].

   仁　　　　　co　　　佞　　　无

   仁而不佞。

d. [cira ginggun] bime [muwa calgari akū].

   严　密　　　　　co　　粗　俗　　无

   严密而不粗俗。(《新满汉大词典》)

7.1.3.2　并列项的语义关系

短语并列结构的内部并列项之间的语义类型，有同类并列和反义并列两种语义关系。并列项若为同类并列，表达联合关系；并列项若为反义并列，表达选择关系。

（1）同类并列

并列项之间的语义互为同类，如例句（7－13）a 中 eture jetere "吃穿"、beyere yuyure "寒冷饥饿"，b 中的 jobocun suilacun "艰苦"。

（7－13）

a. aikabade 　｛[etu-re]　　　[jete-re]｝-be　　　da-ra-kū

  倘若　　　　穿-PRS.NMLZ　吃-PRS.NMLZ-ACC　管-PRS-NEG

  ｛[beye-re]　　　　yuyu-re]｝-be　　　fonji-ra-kū

  寒冷-PRS.NMLZ　饥饿-PRS.NMLZ -ACC　问-PRS-NEG

不管吃穿，不问寒冷饥饿。(《清文指要》)

b. ｛[jobocun]　　[suilacun]｝-be　dule-mbu-ra-kū-ci

  艰难　　　　辛苦-ACC　　　经过-CAUS-PRS-NEG-COND

  ｛[jirgacun]　　[sebjen]｝　　ai-de　　　sere-bu-mbi.

  安　　　　　乐　　　　什么-DAT　感觉-CAUS-PRS

不经艰辛，就不知安乐。(《新满汉大词典》)

（2）反义并列

并列项之间的语义互为反义，如例句（7 – 14）a 中的 dekjire dekjirakū "出息不出息"、b 中的 fuhešere fuhešerakū "转动不转动"。

（7 – 14）

a. damu　tere-i　　｜［dekji-re］　　　　［dekji-ra-kū］｜-be

　　只　　3SG-GEN　　出息-PRS. NMLZ 出息-PRS-NEG. NMLZ-ACC

　　hendu-re　　dabala.

　　说-FUT　　INT

　　只说他有没有出息罢了。

b. sejen-i　muheren｜［fuheše-re］　　　［fuheše-ra-kū］｜-be

　　车-GEN 轮子　　　转-PRS. NMLZ　　转-PRS-NEG. NMLZ-ACC

　　herse-ra-kū.

　　理睬-PRS-NEG

　　也不管车轮转动不转动。（《满汉成语对待》）

7.1.4　满语并列结构的句法范畴

并列结构担当的句子成分，与构成并列结构的单个并列项的句法功能一致，因此可以担当任何句法成分，换句话说，任何能够担当句法成分的语言单位，都可以通过零策略的语言形态复制形成并列结构。

7.1.4.1　并列结构的句法功能

并列结构的句法功能与单个并列项相同，满语并列结构可以担当主语、谓语、宾语、状语、修饰语、中心语，分别如例句（7 – 15）至（7 – 20）所示。

(7－15)

{［eme］［ama］} emu jalan-i facihiyaša-ha-ngge gemu
　母　　父　　一　　世-GEN　经营-PAST-NMLZ　全

ini　　　　jui　o-fi　　　kai.
3SG.GEN　子　成为-SEQ　INT

凡父母一生之所营，率为其子也。（《满蒙汉三文合璧教科书》）

(7－16)

damu manju bithe umesi {［labdu］　［geren］}.
只是　满洲　书　很　　　多　　　　众

只是满文书众多。（《清文指要》）

(7－17)

{［niyaman-de　hajila-ra］　　　　　［ahūn-be　　　ginggule-re］
　亲人-DAT　敬爱-PRS.NMLZ　　　兄-ACC　　尊敬-PRS.NMLZ

［ejen-de　　tondo　ojo-ro］
　皇上-DAT　正　　成为-PRS.NMLZ

［unggan-de　deocile-re］}-be　　salgabu-ha　　　　an　　se-mbi.
　长辈-DAT　友悌-PRS.NMLZ-ACC 造化-PAST.PART　本分　称-PRS

敬爱父母，尊敬兄长，对皇上忠诚，对长辈友悌，可谓秉性。（《新满
汉大词典》）

(7－18)

{［ukanju-be　farga-ra］　　　［hūlha-be　wa-ra］}-de　　　gung
　逃犯-ACC　追-PRS.NMLZ　　贼-ACC　杀-PRS.NMLZ-DAT 功

ili-bu-ha.
立-CAUS-PAST

有追亡杀贼之功。（《八旗满洲氏族通谱》）

(7 – 19)

a. mini　　　 gūnin　 tebu-he　　　　　 baita　 yabu-re-be

　 1SG. GEN　 心意　　存放-PAST. PART　事　　 行-PRS. NMLZ-ACC

　 kemuni　　 šumile-me　 sa-me　 mute-ra-kū

　 尚且　　　 深入-SIM　　知-SIM　 能-PRS-NEG

　 {［buhiye-re］　　　　　　［kenehunje-re］}　 gūnin-be　 tebu-mbi.

　　 猜忌-PRS. PART　　 怀疑-PRS. PART　　 心意-ACC 存放-PRS

　 (对) 朕之居心行事尚不能深知，而存猜疑之见。(《上谕八旗》)

b. daci　 ［sabu-ha］　　　　　 ［donji-ha］　　　　　 ba　　 akū.

　 从前　 看见-PAST. PART　　 听见-PAST. PART 地方　　无

　 以前无所见闻。(《择翻聊斋志异》)

(7 – 20)

muse-i　　　 sain　 {［jiyanggiyūn］　 ［baturu］　　 ［haha］}

1PL-GEN　　 好　　 将军　　　　　 勇士　　　　 男子

talu-de　　　 emu　 juwe　 endebu-ci

偶尔-DAT　　 一　　 二　　 损失-COND

咱们的良将勇士偶尔损失一二。(《御制全韵诗》)

7.1.4.2　并列结构语法范畴标记位置

在包含并列结构的句子中，并列结构作为一个组件，语法范畴标记通常标记在并列结构的序列后面，表现为出现在末尾并列项之后。

(7 – 21)

{［doronggo］　 ［yangsangga］}-i　 te-ci　　 we　 simbe　　 moo　 šolon

端庄　　　　 秀丽-GEN　　　　 坐-COND 谁　 2SG. ACC 木　　 桩

se-mbi-o.

称作-PRS-QM

端庄秀丽地一坐，谁说你是木桩？（《一百条》）

如（7－21）所示，满语属格标记 -i 表现为标记在最后一个并列项〔yangsangga〕上，实际的标记结构是｛〔doronggo〕〔yangsangga〕｝-i。

（7－22）

ere	gesengge	muse-i	｛〔šan-de	donji-ha〕	〔yasa-de
DEM. PROX	样	1PL-GEN	耳朵-GEN	听-PAST	目-GEN

sabu-ha〕｝-ngge	labdu	akū.
看见-PAST-TOP	多	NEG

这样，我们耳朵听眼睛看的事情不多。（《一百条》）

如例句（7－22）所示，满语主题化标记 -ngge 表现为标记在最后一个并列项〔yasa-de sabu-ha〕上，实际的标记结构是｛〔šan-de donji-ha〕〔yasa-de sabu-ha〕｝-ngge。参考例句（7－17）和（7－18）等句中的格标记位置充分说明，这种语言现象将并列结构整体作为语言单位进行描写和研究的必要性。

本节基于语言类型学理论框架对满语并列结构进行了描写和探讨。然而对满语并列结构内部词语语序、并列标记与伴随标记相同的原因等诸多问题尚未展开和触及。

7.2 并列结构认知来源机制

本节我们探讨满语引发并列结构的认知机制。满语并列结构主要由主观化机制、认知域和类像性、概念整合等认知机制促发。

7.2.1 主观化机制

人类语言具有主观性，语言反映了人类对社会、文化、心理、思想交流等层面的主观认知。并列结构中两个或多个语言单位之间发生交互作用，除了句法需要驱动之外，还有强调、生动性表达等语用需要驱动。后者具有"主观性"表达特征，因此，并列结构涉及语言"主观化"认知特征。

关于主观化的认知过程，我们在第5章讨论疑问代词语法化机制时有所论及。国内学者对主观化的认识形成了系统的观点。沈家煊（2001）指出，与"主观性"相关的是"主观化"，是指语言为表现主观性而采用的语言结构形式，包含相应结构形式的历时演变。[①] 潘先军（2010）认为，语言的"主观性"是指语言中多少含有说话人本身表现成分的一种特性，说话人在表述某个意思时，自觉不自觉都会表明自己对此的感情、态度和立场，在表述中留下自身的印记。[②]

满语的并列结构反映认知主观性，是人类认知主观性的主观化作用的结果。并列结构的生成机制与语音的韵律，语义的同义并列、近义并列、反义并列连用现象相关联，由语言节奏韵律、强调表现等主观性意义的需要驱动。

正如 Traugott（1995）指出："主观化是说话人越来越从自我的视角出发，用会话隐含义或语用推理来表达未用语言形式表达的意义，结果是主观化程度越高，相应的表达形式就越少。"[③] Edward Finegan（1995）关于"主观性"和"主观化"的研究主要集中在传达主体的情感认知上。如例

---

① 沈家煊：《语言的"主观性"和"主观化"》，载《外语教学与研究》2001 年第 4 期，第 268 页。

② 潘先军：《羡余现象生成的认知解释》，载《内蒙古大学学报》（哲学社会科学版）2010 年第 6 期，第 135 页。

③ E. C. Traugott, "Subjectification in grammaticalization", In D. Stein, S. Wright, *Subjectivity and Subjectivisation：Linguistic Perspectives*, Cambridge：Cambridge University Press, 1995, pp. 31-54.

句（7－23）所示，并列句式 antaka senggime antaka haji "何等地友爱，何等地亲密"表达言者主体无比感叹的情态，突显了无奈等主观化情感认知。

（7－23）

［antaka　senggime］　［antaka　haji］　bi-he.

多么　　友爱　　　　多么　　亲密　　AUX-PAST

曾经何等地友爱何等地亲密。（《一百条》）

主观性与主观化理论在分析满语并列结构的生成机制中的重要连接是语言结构的相似性。语言结构的相似性是人类大脑中对称性思维的反映。因此，并列结构是人类对称性思维反映在语言结构中的必然语言现象。主观化认知特征驱动言者表达情感的需要，而人类对称性思维驱动人类采用相似性语言结构——并列结构表达主观化需要。满语并列结构正是通过采用相似性表达形式反映人类主观性认知特征和对称性思维特征的。

7.2.2　认知域和类像性

对于认知结构与语言结构之间的关系，Langacker 提出了"语言本质是象征性的（Language is symbolic in nature）"① 的论断。Haiman 接着对"象征性"提出了一个更具体的术语，即类像性，认为"语言成分之间的距离对应于其概念距离"，同时，Haiman 对语言成分之间的距离长短也做了定义。② Haiman 关于类像性还提出了结论：语言表达式的分界和概念代表的事物或者事件的独立性对应。③

---

① Ronald W. Langacker, *Foundations of Cognitive Grammar*（*Volume I*）. Stanford：Stanford University Press, 1987, p. 11.

② John Haiman, "Iconic and Economic Motivation", *Language*, Vol. 59, No. 4, 1983, pp. 781-819.

③ 罗红昌：《"你我他"并列连用的认知分析》，载《学术交流》2012 年第 1 期，第 143 页。

　　根据 Haiman 的类像性原则，并列结构中的语言成分之间的距离在同一个认知域中是最短的。① Langacker 提出概念空间是动态的。② 因此，我们可以将表述完善为：并列结构中的语言成分之间的距离在同一个认知域中是最短的。

　　Langacker 提出语义空间（semantic space）的概念，他认为语义空间可以分解为数量不定的认知域（cognitive domain）。③ 语言中的每一个概念都必须在由不同认知域构成的语义网络中才能体现自身的意义。此后，他又提出"概念化动态观（dynamic view of conceptualization）"和"参照点（reference points）"模式，认为人类具有通过此实体认识彼实体的认知能力，任何复杂的概念，如所有关系、借喻、话题以及代词回指等等，都必须借助一个参照点才能得以说明。

　　沈家煊（1999）指出，形式和意义总体上的对称就是语言结构的"象似性"④。认知过程中主要涉及数量类像和对称类像。在满语并列结构中，对称类像性机制发挥重要作用。

　　综合上述观点，我们从"认知域－类像性"角度审视满语并列结构。并列结构的语义成分可以构成一个独立认知域，该认知域作为整体认知领域，有极大可能性是被某一个语言形式或语言结构表达的。在语义空间系统内，相关概念可以组成一个统一的认知域，根据 Haiman 的研究结论，独立的认知域可以成为词或词组。因此满语〔aniya〕〔biya〕〔inenggi〕〔erin〕"年月日时"可以成为一个词组，构成并列结构，而且中间不必借助任何连接性语素。

　　① John Haiman，"Iconic and Economic Motivation"，*Language*，Vol. 59，No. 4，1983，pp. 781-891.

　　② Ronald W. Langacker，"A Dynamic Account of Grammatical function"，In Joan L. Bybee，John Haiman，Sandra A. Thompson，*Essays on Language Function and language*，Amsterdam：John Benjamins Publishing Company，1977，pp. 249-273.

　　③ Ronald W. Langacker，"Space Grammar, Analysability, and the English Passive"，*Language*，Vol. 58，No. 1，1982，pp. 43-48.

　　④ 沈家煊：《语法研究的分析和综合》，载《外语教学与研究》1999 年第 2 期，第 6 页。象似性为类像性的另一表述。

并列结构由认知类像性原则决定，同类事物可以组成一个认知域。以满语并列结构［beyere］［yuyure］"饥寒"为例，由于"饥""寒"均属于身体感受，因此"饥"与"寒"之间概念距离很小，可以组成一个认知域。再如，满语［jetere］［omire］［efire］［urgunjere］"吃喝玩乐"构成一个语义空间，由"吃""喝""玩""乐"等不同认知域组成。根据Langacker的观点，这些不同的认知域是一个具有层次系统的网络。在并列结构［jetere］［omire］［efire］［urgunjere］"吃喝玩乐"中，"吃""喝"之间的概念距离最小，可以组成一个认知域，"玩"和"乐"之间的概念距离最小，可以组成一个认知域，两个认知域同属于"享乐方式"的子集，因此，这两个认知域可以组成一个更大一些的认知域，即"吃喝－玩乐"认知域，再经过概念整合后构成了一个完整序列，其内在认知结构为："｛［（吃）＋（喝）］＋［（玩）＋（乐）］｝"。

7.2.3 概念整合

并列结构的出现同时也是思维对相似概念的整合归类的结果，反映人类概念整合归类的认知方式。Goldberg（1995）对概念整合归类的认知方式做了如下表述："C是一个构式，当且仅当C是一个形式和意义的匹配体＜Fi，Si＞，而其形式Fi也好，意义Si也好，所具有的某些特征不能全然从C的组成成分或先前已有的其他构式所推之。"也就是说，"我们认为当且仅当某个构式的形式、意义或使用不能从语法的其他方面得到完全预测，则该构式在语法中存在"[①]。

满语并列结构中的双标模式的连词策略成为一个语言构式，两个相似性概念通过并列构式的手段将两个相似的认知范畴连接起来，是对称性、主观性和类像性认知机制作用的结果。沈家煊（1999）指出，形式和意义

---

① 参考语言百科认知语言学词条。

总体上的对称也就是语言结构的"象似性"。①认知过程中主要涉及数量类像和对称类像。并列结构形式作为语言结构上的重复形式反映语言意义的重复和思维的重复；反映对称的概念与对称的语言形式相对应；是类像性原则中类像性联想和类像性对称在语言中的映射和类推的结果。

　　满语中并列结构呈现的语言形式和表达意义的对称，表明以满语作为认知主体的满语族群具有对称性思维方式。对称性思维或许是人类的普遍性思维方式。并列结构的产生是类像性原则类推的结果，是人类思维活动的对称性、重复性和联想性在语言中的反映。在并列结构的概念整合过程中，运用转喻、隐喻认知手段对特定事物进行主观化表达，体现对称类像性的认知特征。

---

① 沈家煊：《语法研究的分析和综合》，载《外语教学与研究》1999 年第 2 期，第 6 页。

第 8 章

结　语

笔者基于清代满文文献语料，在对各种具体语境中的形态、语义和概念结构加以分类、分析和归纳的基础上，以世界语言类型学的调查成果为线索，查明满语的普遍性类型及满语个别性语言特征，探讨人类思维共性在满语中的体现方式，以及满语个别性语言结构的认知特点，阐明促进语言形态结构形成的认知来源动机。

8.1 满语认知研究的重要观点

语法形态关系范畴是抽象的范畴,对关系的认知过程分析是本书的重点,亦为本书的创新之处。

第一，满语形态结构中比较结构、并列结构等概念结构的描写和认知分析，均为此前满语研究较少涉及的领域。笔者对当前满语研究较少涉及的语言结构进行了描写和认知研究。

第二，满语认知语言学研究的诸多问题是满语研究学界较少触及的领域，笔者对当前满语研究较少触及的这些问题进行了研究探讨。例如，语法范畴的认知研究是空白领域，笔者对格和数的语法范畴进行了多义性建构和相关认知研究。目前，满语研究者围绕语法化问题的研究成果较少，笔者考察了满语指示代词、疑问代词的语法化过程，并探讨其语法化过程的认知原因；反身代词认知语义学考察是学界尚未开展的问题，笔者亦对其进行了认知语义的研究。

根据笔者的研究成果，得出了一系列新的认识和重要的观点。

8.1.1　满语形态范畴认知过程建构

1. 格语法范畴认知扩展模型建构

从深层格着手引入认知格概念，利用认知特征和渐变表分析格的多义关联性，采用认知标志格的认知扩展图式理论，探讨满语语义格的多义性扩展机制和格功能意义的认知扩展过程。在格的多义性认知发展过程中，复合认知视点链接引发的扩展、隐喻链接引发的扩展、转喻链接引发的扩展模式共同作用。格的本质是表示构成事象的事项与事项的客观关系，同时，人类基于"客观"事项进行主观性的认知设想。

2. 数语法范畴认知过程的重建

有生性在满语数的语法范畴中起到重要的制约作用，有生性的本质是人类认知范畴化的概念。通过满语数的标记区域和满语复数词缀接加条件，重建满族先民对"数"的认知过程，复数词缀分配和数词词缀的同一性则反映了人类普遍的思维方式。满语复数词缀的语法化程度，尚处于表达集合数意义的初级阶段，有生性对满语语法中数范畴的限制，表现在复数标记的标记区域，即有生性高的名词具有数的区别，有生性低的一方不具有该形式。从衍生动机的相关性来看，反映人类的认知心理容易将有生性高的事物视作确定的个体，将其作为可数的事物加以对待，将有生性低的事物作为不确定的集合体对待。关于满语数范畴的认知本质结论是：满语数范畴受到有生性制约，不仅包括现实世界生物学定义的有生性，还包含有定性及促使某事物个体化具有的显著性和题目价值性。

8.1.2 满语词源语义范畴认知起源模型建构

1. 满语数词体系认知来源建构

满语基本数词体系建立过程与满族族群认知数字过程相关，分析满语基本数词的形态结构，追溯基本数词的词源语义，对基本数词概念系统进行词源语义重建，进而可构建满语数词体系的认知模型。根据数词词源语义的重建结果，建构满语基本数词体系的来源认知模型为手模型、母子模型和计数体系模型三种，三者均与人类身体相关，因此，满语数词的来源认知模型可归纳为身体模型。满语数字10是基本数，来源于双手动作概念，5来源于单手动作概念。表达"手"的语素10和5在构成数词体系时通过加法和乘法进行数词体系扩展，能产率最高。因此，人类的身体部位手模型是满族认知数字最为重要的认知来源模型。

2. 满语空间定位概念认知来源建构

空间定位概念分为直示方位系统和基本方位系统。满语采用系列方位词表示这两种系统。满语空间方位系统由直示方位概念"上""下""前""后""中""左""右"和基本方位概念"东""西""南""北"构成。通过追溯满语方位词词源信息，重建空间方位概念来源，将满语空间方位系统认知模型建构为动物身体模型与江河地标模型。其中，动物身体模型是直示方位系统的认知模型，直示方位系统是基本方位系统的认知模型；地标模型是直示方位和基本方位两个方位系统的认知模型。直示方位和基本方位具有关联性的认知来源为太阳移动位置和江河地标模式。满语"东""西"与"上""下"相关联，体现了满族认知基本方位的思维特性。

3. 满语代词体系语法化认知研究

指示代词、反身代词、疑问代词的语义变化和语法化是人类认知主观化和客观化共同作用的结果。从语用和认知、语义和认知视角考察满语代词次类指示代词、反身代词、疑问代词。满语指示代词指代意义类型演变的原型范畴是人类对空间相对位置的认知，用于指代时间远近、指代心理亲疏等语义功能发展是人类通过心理空间投射和转喻等认知机制提取其空间相对位置而产生的结果。反身代词语义指向性及其反身功能源于人类对自身主体性和客体性两个属性的语言编码，反映人类将"自己"概念化的思维认知过程。疑问代词的非疑问语用变化和语法化是人类认知主观化、间主观化及重新分析等认知机制共同作用的结果。

8.1.3　满语概念结构认知机制建构

1.　满语比较结构的认知图式

满语比较概念基于认知模型的事象图式得以结构化，进而形成满语比较结构。满语比较结构来源于八种认知事象图式：行为图式、起点图式、位置图式、目标图式、对极图式、类似图式、连续图式、主题图式。满语比较结构认知图式的形态句法结构可以归纳为"命题 – 附加语"和"命题$_1$ – 命题$_2$"的两种类型。在编码认知图式中，述语 Y 和基准项 Z 是必要成分，认知图式的语言编码化不允许缺省述语 Y 和基准项 Z。

2.　满语并列结构的认知理据

满语中具有同等语法地位的两个或两个以上的语言单位在语句中的结构为并列结构。满语并列标记策略以零策略为主，词汇策略为连词标记和后置词标记。标记模式既有单标标记也有双标标记，总共 4 种标记位置。满语并列结构表达合取并列、析取并列和转折并列 3 种语义类型，分别表达联合关系、选择关系和排除关系。并列结构的句法功能与单个并列项相同，作为一个句法单位担当句法成分，语法范畴标记通常标记在并列结构序列之后，表现为标记在末尾并列项。

满语并列结构反映认知主观性，是人类认知主观化作用的结果。并列结构在概念意义整合过程中充分体现了主观性认知机制作用下的整合归类的认知方式。其认知来源机制是人类大脑中对称性的认知类像性思维在语言结构中的反映。满语并列结构呈现的语言形式和表达意义的对称，表明以满语作为认知主体的满语族群具有对称性思维方式。并列结构的产生是类像性原则类推的结果，概念整合过程反映了人类思维活动对称相似性、重复性和联想性的认知特征。

8.2　满语认知研究的未来展望

笔者从满语语法形态、词源语义到概念结构等方面对相关现象进行了归纳、描写和认知研究，提出一些新见解。从认知角度对满语系统进行全面探究仍有很大的研究空间。鉴于语言变量的多样性，难免会有一些个例不在书中所述的认知机制之列，对个例语言现象进行相关认知研究仍然具有语言学意义。笔者将提出一些在满语认知研究中尚待进一步完善深入的空间和尚未触及的领域。

1. 满语屈折格系统的认知对比

格语法形态认知研究以与格标记 -de 为核心探讨了语义格的扩展模型，未对其他语义格和句法格进行认知分析，屈折格系统的全盘分析可以验证已建构的格多义性扩展模式。各格之间语法功能交叉现象的深层认知对比有待开展。

2. 满语比较结构和最高级结构的认知事象的关联性

满语比较概念类型有比较级结构和最高级结构。最高级结构作为比较概念结构的一种，是以比较结构为模型生成的，是有标记的范畴。最高级结构中的比较基准项 Z 被置换成可能比较的所有个体的整个集合。笔者将研究关注在比较级结构的"事象图式"语言编码化过程，未分析最高级结构的"事象图式"的语言编码化，而对两者编码认知事象图式进行比较可以探讨比较级结构和最高级结构的关联性等一系列问题。

3. 满语数词形态句法特征与认知联系

满语数词形态句法特征与名词和形容词两类范畴相关。数词形态研究最值得关注的是其功能常在形容词和名词之间摆动。通常情况下，满语名词和形容词之间的区别是明确的，可以确定名词与形容词之间的原型标准。数词位于这两个原型的中间位置，因此难以确定数词的原型范畴。进一步研究数词起源概念或许可以解释数词语法范畴形态和句法的建构方式。

4. 满语空间定位概念的认知阐释

满语方位系统的认知研究存在如下遗留问题：满语"东"和"西"分别从"上"和"下"派生已经得到解释，而"北"从"后"、"南"从"前"的派生原因尚缺认知解释；满语基本方位的"东""西"表现，与"左""右"同一形式，上下模型和左右模型的关联性，例如模型概念等历时关系、来源体系和目标体系之间的相关性等问题有待认知方面的阐释。此外，清代个别满文舆图的方位标示与西方表示法"上北下南，左西右东"不同，"地图模型"是否对满语基本方位和直示方位的关联性产生影响等问题还需要进一步研究。

5. 满语构词的认知心理

满语构词过程与认知心理具有联系。满语构词包括派生法、屈折法、复合法等方式。派生词与词根、词的各构成语素之间存在相对关系、依存关系、主从关系和关联关系等逻辑关系。从认知角度分析构词语素之间关系的认知意义，建构认知模型以探讨派生法构词、元音屈折构词、辅音屈折构词以及复合构词的认知心理，可以重建满语派生新词及其词汇意义发展的心理过程。

6. 满语级范畴的认知意义

级的意义与认知心理相关。满语级的意义在于同一个语义系统自身程度的比较，而不是两种事物之间的比较。满语虽然具有比较级形式，但是比较级标记并不用于两者的比较，其原因缺乏挖掘研究。满语比较级标记表达的级的程度与认知意义需要结合实例建构认知模型加以分析，从语言具体语境的语义进行思维模式推导。例如：onco"宽"～oncokon"略宽"为程度加强，saliyan"恰好的、刚好的"～saligan"略少些"及dulga"一半"～dulgakan"少一半"等究竟表示程度加强抑或减弱等相关问题。时位词比较范畴表达空间上的移动程度，从具体到抽象的典型认知发展过程审视，时位词比较范畴先于形容词比较范畴，形容词级范畴与时位词级范畴的认知联系可以通过构建意象图式取得认知模式推导。

7. 满语重叠形态的认知动机

重叠是在世界语言中观察到的大量存在的普遍语言现象。重叠形式是语言形态学系统的重要组成部分，一直是音系学家和形态学家们研究的焦点问题。重叠形式的形成具有认知动机性。满语中存在一定数量的重叠现象，目前国内学术界尚未有对满语重叠现象进行专门研究的论著。我们可以通过厘清满语重叠形态的类型、重叠过程导致的语义与功能变化等语言现象，从人类认知视角探讨重叠形态的认知理据，重建引发重叠现象的根源性认知动机和认知过程。

最后，笔者未根据满语形态、语义和概念结构的认知事例建构符合满语逻辑的总体认知模式，主要基于如下考虑：认知模式与其说是单一的线性阶层，不如视作一个复杂的错综体，满语语法系统除了名词类形态系统，还包括动词类形态系统及无形态变化的功能词类系统，仅依据某一系统建构满语总体认知模式欠缺完整理据。因此，待与满语其他模块系统的认知研究成果整合之后，再基于满语认知逻辑建构满语语法系统的总体认知模式。

满语语言群体编码的语言形式（形态结构、语法范畴等）及其意义是该族群认识外界事象、解释存在世界方式的具象化表现。阐释存在于满语中固有形态结构的认知机制和语言发展过程，探索认知发展与满语濒危过程之间的关系，是下一阶段研究值得开展的重要课题。

参考文献

［1］钦定四库全书荟要：御制增订清文鉴［M］. 长春：吉林出版集团有
限公司，2005.

［2］GOLDBERG A E. 构式：论元结构的构式语法研究［M］. 吴海波，
译. 北京：北京大学出版社，2007.

［3］爱新觉罗瀛生. 满语杂识［M］. 北京：学苑出版社，2004.

［4］安双成. 满汉大辞典［M］. 沈阳：辽宁民族出版社，1993.

［5］鲍培. 阿尔泰语比较语法［M］. 周建奇，译. 呼和浩特：内蒙古教
育出版社，2003.

［6］鲍培. 阿尔泰语言学导论［M］. 周建奇，译. 呼和浩特：内蒙古教
育出版社，2003.

［7］曾寿. 随军纪行译注［M］. 季永海，译注. 北京：中央民族学院出
版社，1987.

［8］崔希亮. 语言理解与认知［M］. 北京：北京语言大学出版社，2001.

［9］丁喜霞. 中古常用并列双音词的成词和演变研究［M］. 北京：语文
出版社，2006.

［10］故宫博物院. 满蒙汉合璧教科书［M］. 海口：海南出版社，2001.

［11］郭锡良. 汉语第三人称代词的起源和发展［M］//北京大学中文系

《语言学论丛》编委会. 语言学论丛（第六辑）. 北京：商务印书馆，1980.

[12] 哈斯巴特尔. 阿尔泰语系语言文化比较研究［M］. 北京：民族出版社，2006.

[13] 胡增益. 新满汉大词典［M］. 乌鲁木齐：新疆人民出版社，1994.

[14] 胡壮麟. 认知隐喻学［M］. 北京：北京大学出版社，2004.

[15] 季永海，刘景宪，屈六生. 满语语法［M］. 北京：民族出版社，1986.

[16] 季永海. 满语语法（修订本）［M］. 北京：中央民族大学出版社，2011.

[17] 金光平，金启孮. 女真语言文字研究［M］. 北京：文物出版社，1980.

[18] 金启孮. 女真文辞典［M］. 北京：文物出版社，1984.

[19] 兰司铁. 阿尔泰语言学导论（形态学）［M］. 陈伟，沈成明，译. 北京：中国社会科学出版社，1981.

[20] 李兵. 阿尔泰语言元音和谐研究［M］. 北京：商务印书馆，2013.

[21] 李兵，隋妍妍. 汉语的部分重叠和完全重叠［M］∥程工，刘丹青. 汉语的形式与功能研究. 北京：商务印书馆，2009.

[22] 李树兰，仲谦. 锡伯语简志［M］. 北京：民族出版社，1986.

[23] 刘景宪，赵阿平，赵金纯. 满语研究通论［M］. 哈尔滨：黑龙江朝鲜民族出版社，1997.

[24] 陆丙甫，金立鑫. 语言类型学教程［M］. 北京：北京大学出版社，2015.

[25] 吕叔湘. 近代汉语指代词［M］∥吕叔湘全集（第3卷）. 沈阳：辽宁教育出版社，2002.

[26] 布留尔. 原始思维［M］. 丁由，译. 北京：商务印书馆，1997.

[27] 梅耶. 历史语言学中的比较方法［M］. 岑麒祥，译. 北京：世界图书出版公司，2008.

[28] 蒲松龄. 满汉合璧：聊斋志异选译［M］. 扎克丹，译. 永志坚，校注. 乌鲁木齐：新疆人民出版社，1993.

[29] 清格尔泰. 蒙古语语法［M］. 呼和浩特：内蒙古人民出版社，1991.

[30] 萨丕尔. 语言论［M］. 陆卓元，译. 北京：商务印书馆，2011.

[31] 史禄国. 满族的社会组织［M］. 高丙中，译. 北京：商务印书馆，1997.

[32] 沈启亮. 大清全书［M］. 沈阳：辽宁民族出版社，2008.

[33] 蒙古厚田万福. 重刻清文虚字指南编［M］. 乌鲁木齐：新疆人民出版社，1984.

[34] 王庆丰. 满语研究［M］. 北京：民族出版社，2005.

[35] 王实甫. 满汉合璧：西厢记［M］. 永志坚，整理. 乌鲁木齐：新疆人民出版社，1991.

[36] 王文斌. 隐喻的认知构建与解读［M］. 上海：上海外语教育出版社，2007.

[37] 王寅. 认知语言学［M］. 上海：上海外语教育出版社，2007.

[38] 吴福祥. 汉语主观性与主观化研究［M］. 北京：商务印书馆，2011.

[39] 赵艳芳. 认知语言学概论［M］. 上海：上海外语教育出版社，2001.

[40] 庄吉发. 清语老乞大［M］. 台北：文史哲出版社，1976.

[41] 顾阳. 论元结构理论介绍［J］. 国外语言学，1994（1）.

[42] 哈斯巴特尔. 关于阿尔泰诸语数词"一"及其相互关系［J］. 满语研究，2003（2）.

[43] 哈斯巴特尔. 满语和蒙古语从比格词缀比较［J］. 满语研究，1994（2）.

[44] 胡建华. 题元、论元和语法功能项——格标效应与语言差异［J］. 外语教学与研究，2007（3）.

［45］胡伟. 汉语重叠音系的分布形态学分析［J］. 中国语文, 2017（2）.

［46］季永海. 满语探索三题［J］. 满语研究, 2008（2）.

［47］季永海, 刘景宪. 满语中的格位范畴［J］. 中央民族学院学报, 1983（3）.

［48］李宇明. 空间在世界认知中的地位：语言与认知关系的考察［J］. 湖北大学学报（哲学社会科学版）, 1999（3）.

［49］陆俭明. 隐喻、转喻散议［J］. 外国语, 2009, 32（1）.

［50］罗红昌. "你我他" 并列连用的认知分析［J］. 学术交流, 2012（1）.

［51］毛安敏. 英语疑问代词语法化的认知机制［J］. 海外英语, 2012（16）.

［52］孟达来. 阿尔泰语言从格后缀的派生方式［J］. 民族语文, 1999（6）.

［53］潘先军. 羡余现象生成的认知解释［J］. 内蒙古大学学报（哲学社会科学版）, 2010, 42（6）.

［54］沈家煊. 语法研究的分析和综合［J］. 外语教学与研究, 1999（2）.

［55］沈家煊. 语言的 "主观性" 和 "主观化"［J］. 外语教学与研究, 2001, 33（4）.

［56］沈家煊. 语用法的语法化［J］. 福建外语, 1998（2）.

［57］双山. 满语构词附加成分——rgi 探源［J］. 内蒙古民族师院学报（哲学社会科学汉文版）, 1997（3）.

［58］时妍. 满语方位词汇文化语义探析［J］. 满语研究, 2015（2）.

［59］刘景宪, 赵阿平, 吴宝柱, 等. 关于满语名词复数的研究［J］. 民族语文, 1993（4）.

［60］吴安其. 阿尔泰语的数词［J］. 语言研究, 2012, 32（3）.

［61］吴宝柱. 满语方位词附加成分辨析［J］. 满语研究, 1996（2）.

［62］王寅, 严辰松. 语法化的特征、动因和机制——认知语言学视野中的语法化研究［J］. 解放军外国语学院学报, 2005（4）.

[63] 尹玉霞. 形态叠加理论: 重叠研究的新视角 [J]. 当代语言学, 2018, 20 (3).

[64] ANDREWS A. The Major Functions of the Noun Phrase [M] // SHOPEN T. Language Typology and Syntactic Description, vol. 1: Clause structure [M]. Cambridge: Cambridge University Press, 1985.

[65] BLAKE B J. Cambridge Textbooks in Linguistics [M]. 2nd ed. Cambridge: Cambridge University Press, 2004.

[66] HEINE B, KUTEVA T. World Lexicon of Grammaticalization [M]. Cambridge: Cambridge University Press, 2002.

[67] HEINE B. Possession Auxiliaries: Cognitive Sources, Forces, and Grammaticalization [M]. Cambridge: Cambridge University Press, 1997.

[68] HEINE B. Cognitive Foundations of Grammar [M]. New York: Oxford University Press, 1997.

[69] BOOIJ G. The Grammar of Words [M]. Oxford: Oxford University Press, 2005.

[70] FILLMORE C J. The Case for Case [M] // BACH E, HARMS R T. Universals in Linguistic Theory. New York: Holt, Rinehart, and Winston, 1968: 1 – 88.

[71] TRAUGOTT E C. From Propositional to Textual and Expressive Meanings: Some Semantic-Pragmatic Aspects of Grammaticalization [M] // LEHMANN W P, MALKIEL Y. Perspectives on Historical Linguistics. Amsterdam: John Benjamins Publishing Company, 1982: 245 – 271.

[72] TRAUGOTT E C. Subjectification in Grammaticalisation [M] // STEIN D, WRIGHT S. Subjectivity and subjectivisation. New York: Cambridge University Press, 1995: 31 – 54.

[73] CROFT W, CRUSE D A. Cognitive Linguistics [M]. Cambridge: Cambridge University Press, 2004.

[74] FÁBREGAS A, SCALISE S. Morphology: From Data to Theories [M].

Edinburgh： Edinburgh University Press, 2012.

[75] LICHTENBERK F. Semantic Change and Heterosemy in Grammaticalization [J]. Language, 1991, 67 (3)： 475 –509.

[76] GORELOVA L M. Manchu Grammar [M]. Leiden, Boston, Köln： Brill, 2002.

[77] GREENBERG J H. Universals of human language [M]. Redwood City： Stanford University Press, 1978.

[78] HASPELMATH M. Coordinating Constructions [M]. Amsterdam/ Philadelphia： John Benjamins Publishing Company, 2004.

[79] HOPPER P J, TRAUGOTT E C. Grammaticalization [M]. Cambridge： Cambridge University Press, 1993.

[80] GRIMSHAW J. Argument Structure [M]. Cambridge, Mass： MIT Press, 1990.

[81] HAIMAN J. Iconic and Economic Motivation [J]. Language, 1983, 59 (4)： 781 –819.

[82] TAYLOR J R. Cognitive Grammar [M]. Oxford： Oxford University Press, 2002.

[83] LANGACKER R W. Foundations of Cognitive Grammar [M]. Stanford： Stanford University Press, 1987.

[84] LYONS J. Linguistic Semantics [M]. Cambridge： Cambridge University Press, 1995.

[85] LAKOFF G, JOHNSON M. Metaphors We Live By [M]. Chicago： The University of Chicago Press, 1980.

[86] LAKOFF G. Women, Fire, and Dangerous Things： What Categories Reveal About the Mind [M]. Chicago： University of Chicago Press, 1987.

[87] MATTHEWS P H. Morphology [M]. 2nd ed. New York： Cambridge University Press, 1991.

[88] CULICOVER P W, JACKENDOFF R. Semantic Subordination Despite Syntactic Coordination [J]. Linguistic Inquiry, 1997, 28 (2): 195 – 217 .

[89] GIBBS R W, COLSTON H L. The Cognitive Psychological Reality of Image Schemas and Their Transformations [J]. Cognitive Linguistics, 1995, 6 (4): 347 –378.

[90] LANGACKER R W. Cognitive Grammar: A Basic Introduction [M]. Oxford: Oxford University Press, 2008.

[91] LANGACKER R W. Space Grammar, Analysability, and the English Passive [J]. Language, 1982, 58 (1): 22 –80.

[92] SAPIR E. Language: An Introduction to the Study of Speech [M]. New York: Harcourt Barace Jovanovich, Inc. , 1921.

[93] INKELAS S, ZOLL C. Reduplication: Doubling in Morphology [M]. New York: Cambridge University Press, 2005.

[94] CRISTOFARO S. Subordination [M]. New York: Oxford University Press, 2003.

[95] SPENCER A. Morphological Theory [M]. Oxford: Blackwell, 1991.

[96] STASSEN L. Comparison and Universal Grammar [M]. Oxford: Basil Blackwell, 1985.

[97] PAYNE T E. Describing Morphosyntax: A Guide for Field Linguists [M]. New York: Cambridge University Press, 1997.

[98] CROFT W. Radical Construction Grammar: Syntactic Theory in Typological Perspective [M]. New York: Oxford University Press, 2001.

[99] CROFT W. Typology and Universals [M]. 2nd ed. Cambridge: Cambridge University Press, 2003.

[100] WILLIAMS E. Argument Structure and Morphology [J]. The Linguistic Review, 1981, 1 (1): 81 –114.

[101] STAMPE D. Cardinal number systems [R]. Chicago Linguistics

Society, 1976, No 12: 596 – 609.

[102] SEILER H. A dimensional view on numeral systems [R]. Allgemeine Sprachwissenschaft, Institut für Linguistik, Universität zu Köln, 1989.

[103] CHOMSKY N. Knowledge of language: Its nature, origin, and use [M]. New York: Praeger Scientific, 1986.

[104] WHORF B L. Language, Thought, and Reality: Selected Writings of Benjamin Lee Whorf [M]. Massachusetts: The MIT Press, 1956.

[105] KATAMBA F. Morphology [M]. New York: Palgrave Macmillan, 2006.

后　记

小书付梓，宛若母亲一朝分娩诞下自己珍爱的孩子，孕育过程虽不乏辛苦，收获的却是无价的新生与成长的甘甜。

感恩一路走来始终沐浴在学界诸位师长厚爱和照拂的暖阳之下！成长路上每一位师长的指引和帮助，我都铭记于心，谨以此书向诸位先生致敬！

本书的责任编辑刘岩女士用她专业出色的编辑才能多次细致地校对全书，由衷地表示感谢！

感谢父亲在我人生各个阶段的助推；感谢母亲无微不至的关心呵护；感谢爱人对我向学之心的理解和支持；感谢两个宝贝女儿的乐天自立！家人们的爱与付出使我得以未被琐事烦恼牵绊，心无旁骛地探索着所爱的研究。

满语研究具有广阔的开垦空间，我初步尝试探讨了满语认知研究领域。在学术研究的道路上，我尚在学习和成长之中，对一些问题的阐释和提出的观点难免存在不当之处，欢迎专家学者批评指正，不胜感激！

时光喜人，岁月温柔，未来可期。一切之一切，必将"越"来"越"好！

贾越

2021 年仲秋